历史选择了社会主义

董 彪 著

中国国际广播出版社

图书在版编目（CIP）数据

历史选择了社会主义 / 董彪著. —北京：中国国际广播出版社，2020.12
ISBN 978-7-5078-4537-2

Ⅰ.①历… Ⅱ.①董… Ⅲ.①中国特色社会主义－研究 Ⅳ.①D616

中国版本图书馆CIP数据核字（2019）第199925号

历史选择了社会主义

著　　者	董　彪
执行编辑	李　卉
策划编辑	笑学婧
责任编辑	林钰鑫
校　　对	张　娜
封面设计	赵冰波

出版发行	中国国际广播出版社有限公司 ［010-89508207（传真）］
社　　址	北京市丰台区榴乡路88号石榴中心2号楼1701
	邮编：100079
印　　刷	北京九天鸿程印刷有限责任公司

开　　本	710×1000　1/16
字　　数	150千字
印　　张	13.25
版　　次	2020年12月 北京第一版
印　　次	2020年12月 第一次印刷
定　　价	49.00元

版权所有　盗版必究

董　彪

　　北京大学哲学博士，博雅博士后，曾任教于中央社会主义学院马克思主义理论教研部，现为北京大学马克思主义学院、习近平新时代中国特色社会主义思想研究院讲师，兼任中国人学学会理事和副秘书长。主要研究方向为马克思主义哲学、马克思主义中国化等，曾参与撰写《恩格斯〈路德维希·费尔巴哈与德国古典哲学的终结〉导读》《价值与秩序的重建》等著作三部，曾在《哲学研究》《清华大学学报》《中央社会主义学院学报》等期刊发表论文十余篇，曾主持或参与国家级、省部级课题多项。

前　言

社会主义不是从天上掉下的"救世神药",也不是心血来潮的凭空臆想。它是对资本主义内在矛盾的批判和超越,是对贫困、剥削、压迫的坚决反抗,是对平等、正义等价值理念的孜孜探求。

"方向决定前途,道路决定命运。"① 面对近代以来"三千年未有之大变局","中国向何处去?"始终是一个扣人心弦的时代课题。经过前无古人、筚路蓝缕的艰辛探索,中国共产党带领中国人民成功开辟了实现国家富强和人民幸福的正确道路。这条道路就

---

① 习近平.在庆祝改革开放40周年大会上的讲话［EB/OL］.（2018-12-18）［2020-10-21］. http://www.gov.cn/xinwen/2018-12/18/content_5350078.htm.

是科学社会主义和中国特色社会主义的道路。

"周虽旧邦,其命维新。"①中华文明的长河浩浩荡荡,绵延不绝,在近代与世界社会主义大潮交汇激荡,形成人类历史上的一大奇观。深刻理解新时代中国特色社会主义的历史文化根基与时代方位,应当立足世界社会主义500年和科学社会主义100年的历史视野,思索社会主义从源头到流变、从空想到科学、从理论到实践的嬗变与勃兴;亦要透过5000多年的中华文明史看近代以来170多年的历史,考察社会主义在中国不断发展成熟的过程,深刻理解中国选择和坚持社会主义的必然性。首先,中国特色社会主义不是凭空而来的,而是历史的选择、实践的选择和人民的选择,具有客观必然性。其次,中国特色社会主义不是别的什么主义,而是科学社会主义与中国社会具体实际充分结合的产物,具有鲜明的中国特色。最后,中国特色社会主义是对中华民族5000多年文明成果的继承和发展,具有丰富而深厚的历史文化底蕴。

---

① 出自《诗经·大雅·文王》。这句话的意思是,周虽然是一个古老的邦国,但是它的使命在于创新。

前　言

把马克思主义普遍真理和中国具体实际结合，是中国选择、坚持和发展科学社会主义道路的根本内核。无论是在新民主主义革命时期、社会主义革命时期和改革开放新时期，还是在中国特色社会主义新时代，中国共产党坚持立足现实、立足国情，不断推进革命、建设和改革的伟大事业。自从1982年中国共产党第十二次全国代表大会（简称党的十二大）正式提出"建设有中国特色的社会主义"以来，每次中国共产党全国代表大会（简称全国党代会）均在主题上突出"中国特色社会主义"这一关键词。中国特色社会主义道路，构筑了中国共产党人"不忘初心、砥砺奋进"的光辉形象；中国特色社会主义道路，把亿万中华儿女结成血脉相连的"命运共同体"；中国特色社会主义道路，推动中国由站起来、富起来走向了强起来，促进了世界的和平、繁荣和发展。

从"雄关漫道真如铁"、筚路蓝缕，到"风景这边独好"、旗帜高扬，科学社会主义在古老而常新的中国大地上焕发出蓬勃的生机。960多万平方千米的土地，超过14亿人民，9000多万中国共产党党员——一个领土面积世界第三、人口总数世界第一、执政党党员数量世界第一的国家，选择了社会主义，走出了中国特色社会主义道路。这是世界社会主义运动史和国际共产主义运动史上的大事，也是中国近现代史和中华民族史上的大事，更是世界文明史和世界近现代史上的大事。历史已经证明并将继续证明：只有社会主义才能救中国，只有中国特色社会主义才能发展中国，只有新时代中国特色社会主义才能实现中华民族伟大复兴。中国特色社会主义道路来之不易，必须始终坚持，倍加珍惜。

从"三千年未有之大变局"到"百年未有之大变局"，从回望走过的路、比较别人的路，到走好自己的路、远眺前行的路，中国特色社会主义进入新时代意味着新航向的锚定和新征程的开启。面对新形势、新任务和新挑战，新时代中国既不走封闭僵化的老路，也不走改旗易帜的邪路，而是走好中国特色社会主义的正路，实现社会主义现代化和中华民族伟大复兴的奋斗目标。

董　彪

目 录

第一章　五百年来谁著史：社会主义与人类解放 / 001
　　第一节　对资本主义的批判与超越 / 003
　　第二节　从"乌托邦"到"实托邦" / 011
　　第三节　从一国社会主义到世界社会主义 / 023

第二章　千年变局知兴替：社会主义与中国救亡 / 027
　　第一节　资本主义在中国是一条"死胡同" / 029
　　第二节　选择马克思，选择共产党 / 054
　　第三节　中国传统文化的社会主义基因 / 076

第三章　逆袭赶超辟蹊径：社会主义与中国式现代化 / 089
　　第一节　现代化的路径：先发与后发 / 091
　　第二节　新中国70年：现代化的壮丽诗篇 / 099
　　第三节　跑赢现代化的马拉松比赛 / 115

第四章　守望初心圆梦想：社会主义与中华民族复兴 / 123
　　第一节　"变与不变""改与不改"中的新时代 / 125

第二节　握紧中国特色社会主义的独特优势 / 132

第三节　肩负起强国新时代的伟大使命 / 155

第五章　正道沧桑换人间：中国特色社会主义启迪世界 / 161

第一节　为发展中国家贡献"中国经验" / 163

第二节　开拓世界社会主义发展的新空间 / 170

第三节　推动构建人类命运共同体 / 175

结　语 / 185

参考文献 / 188

后　记 / 199

第一章

五百年来谁著史：社会主义与人类解放

以托马斯·莫尔（Thomas More，1478—1535）出版《乌托邦》为标志，社会主义思潮自诞生至今已有500多年的历史。本章从社会主义与资本主义的本质区别出发，简要阐释资本主义（特别是自由资本主义）的发展史，指出社会主义是对资本主义的批判与超越。同时，本章将勾勒社会主义从空想到科学、从理论到实践的历史进程，描述21世纪社会主义在全世界的发展图景，确定中国特色社会主义在世界社会主义运动中的位置。

第一章　五百年来谁著史：社会主义与人类解放

第一节　对资本主义的批判与超越

习近平总书记指出:"中国特色社会主义是社会主义,不是别的什么主义。"[①] 摆在我们面前的首要问题就是:什么是社会主义?据统计,关于社会主义的定义有300多种,可以从理想、理论、运动、制度等多个角度进行分析。尽管定义繁多,但是有一点是十分确定的:社会主义是对资本主义的反思、批判与超越,是对贫困、剥削、压迫的反抗,是对平等、正义的价值理念的探索。

在一定意义上,资本主义与社会主义就是个人主义与集体主义在社会制度和社会形态上的不同表达。人具有的个体化与社会化两重取向,借助特定的生产方式和经济关系,便形成了"个人主义"和"集体主义"的界分和对立,这种界分和对立体现为财产关系和所有制关系,也就是财产的"私有制"和"公有制"。以财产私有制为基础的个人主义和自由主义是资本主义的核心,而以财产公有制为基础的集体主义和整体主义是社会主义的核心。总体而言,社会主义反对生产资料的资本主义私人占有制和生

---

① 中共中央文献研究室.十八大以来重要文献选编:上[M].北京:中央文献出版社,2014:109.

产的无政府状态，主张特定形式的生产资料公有制和较高程度的计划调控，从而完成对资本主义的扬弃，实现人的解放、自由和全面发展。个人主义与集体主义其实是一枚硬币的两面，现实存在的社会主义社会和资本主义社会也处于矛盾和竞争关系之中。

资本主义的发展将人的个体性存在与社会性存在之间的距离无限拉大，个体独立、财产私有、市场自由的主张，在理论上表现为自由主义。亚当·斯密的古典自由主义理论为早期资本主义发展奠定了理论基础。亚当·斯密认为，人性是自私的，分工和交换就是受利益驱使的结果。但是，以利益最大化为目的的交换行为不会使社会关系混乱，因为市场这只"看不见的手"会"尽力达到一个并非他本意想要达到的目的……他追求自己的利益，往往使他能比在真正出于本意的情况下更有效地促进社会利益"[1]。这就是后来西方经济学中著名的经济人理性假设和市场自发调节理论的肇端。从古典自由主义开始，资本主义市场经济的发展就伴随着个人主义精神和自由主义思想。

从历史的角度看，资本主义的自由主义经历了古典自由主义到凯恩斯主义，再到以哈耶克等人为代表的新自由主义的变迁。1929年经济危机爆发后，凯恩斯主义突破

---

[1] 亚当·斯密.国民财富的性质和原因的研究：下［M］.郭大力，王亚南，译.北京：商务印书馆，1974：27.

了古典自由主义经济学的理论基础，主张把市场的运行和企业活动置于政府的主导之下，形成"镶嵌型自由主义"（embedded liberalism），使西方资本主义进入了大约20年的高速增长期，经济运行周期得到了控制，缓解了资本主义经济危机。20世纪70年代，"滞胀"现象出现，主张回归古典自由主义的个人主义精神和自由市场理论的新自由主义诞生。新自由主义主张个人自由、财产私有、自由市场与自由贸易，旨在重建资本主义政治经济新秩序。新自由主义政策很快在英美等国占据主导地位，并随着美国的新帝国主义方针被推行到全世界。一些拉美国家也实行了"市场原教旨主义"，从而被纳入新自由主义的资本主义体系。东欧剧变和苏联解体后，俄罗斯通过"休克疗法"迅速走向私有化、市场化和自由化。甚至中国的市场经济改革，也被一些人曲解为学习新自由主义。一时间，新自由主义在全球范围内似乎取得了压倒性胜利，由此带来了西方理论界的"高度自信"。20世纪80年代末90年代初，日裔美籍学者弗朗西斯·福山出版了《历史的终结与最后的人》。该书承袭黑格尔关于世界历史和人类社会具有终点和最后形态的观点，认为资本主义的经济政治模式已经战胜社会主义，成为普遍适用的具有终结意义的社会模式。

自由主义理论及其发展不同程度地缓解了资本主义内在矛盾，但没有真正解决资本主义制度的根本矛盾和问题。因此，除了理论内部的自我否定外，资本主义、自由主义还受到来自外部的批判。

19世纪中后期,马克思对古典自由主义理论进行批判,并力图超越古典政治经济学。马克思认为,以生产资料私有制为基础、以个人主义和自由主义为核心的资本主义分工的充分发展,虽然会带来物质财富的急剧增长,但也会导致个体与社会之间的矛盾和紧张:资本追求剩余价值的基本逻辑及其分配原则必然导致个人异化和社会关系物化。个人自由与市场平等只是假象,民主只是资产阶级的民主,社会公正则将被资本主义败坏。马克思通过研究资本的矛盾运动,得出资本主义私有制必将过渡到社会主义公有制的结论,并主张无产阶级通过革命掌握政权、实行专政,然后过渡到全人类获得解放的共产主义社会。值得关注的是,马克思指出,资本主义生产方式内部就历史地蕴含着生长出社会主义生产方式的可能性。他指出:

>工人自己的合作工厂,是在旧形式内对旧形式打开的第一个缺口,虽然它在自己的实际组织中,当然到处都再生产出并且必然会再生产出现存制度的一切缺点。但是,资本和劳动之间的对立在这种工厂内已经被扬弃,虽然起初只是在下述形式上被扬弃,即工人作为联合体是他们自己的资本家,也就是说,他们利用生产资料来使他们自己的劳动增殖。这种工厂表明,在物质生产力和与之相适应的社会生产形式的一定的发展阶段上,一种新的生产方式怎样会自然而然地从一种生产方式中发展并形

成起来。没有从资本主义生产方式中产生的工厂制度，合作工厂就不可能发展起来；同样，没有从资本主义生产方式中产生的信用制度，合作工厂也不可能发展起来。信用制度是资本主义的私人企业逐渐转化为资本主义的股份公司的主要基础，同样，它又是按或大或小的国家规模逐渐扩大合作企业的手段。资本主义的股份企业，也和合作工厂一样，应当被看做是由资本主义生产方式转化为联合的生产方式的过渡形式，只不过在前者那里，对立是消极地扬弃的，而在后者那里，对立是积极地扬弃的。①

当然，这里也间接地说明，只要人类从整体上还不能超越资本主义，资本在推动生产的发展中还发挥着主导性作用，那么，现代资本主义和现实的社会主义就必定是处于同一历史阶段的两种"过渡形式"。

20世纪40年代，卡尔·波兰尼在其名著《巨变：当代政治与经济的起源》中对以个人主义和自发调节的市场为核心的自由主义进行了深刻的分析与批判。他认为，资本主义市场经济的目的就是获利，自律性市场不过是"乌托邦"。从自然、历史和人道的角度来看，经济活动本身应当镶嵌于社会之中，这样自然环境才能获得保护，人

---

① 马克思，恩格斯. 马克思恩格斯文集：第七卷 [M]. 中共中央马克思恩格斯列宁斯大林著作编译局，译. 北京：人民出版社，2009：499.

的自由、民主权利、社会公正才能真正得到实现。而资本主义恰恰相反，它将自然和社会镶嵌于经济活动中，将一切事物商品化，不仅造成了人与自然关系的紧张，也造成了人的自由和尊严的丧失。波兰尼区分了两种自由：一种是"好的自由"，一种是"恶的自由"。他指出，自发调节的市场虽然产生了言论、集会、结社等个人自由，但同时也产生了剥削他人的自由、携资潜逃的自由、发国难财的自由，等等。社会生活中不可能没有权力或压制，因此这种蒙着虚幻意识形态外衣的自由主义，最终可能导致极权、独裁和反民主，第二次世界大战（简称二战）爆发前法西斯主义的兴起就是如此。因此，与哈耶克抨击以计划经济和集体主义为基础的社会主义截然不同，波兰尼对新自由主义信奉和追捧的自发市场理论进行了深入批判。他指出，社会必须从经济活动中"脱嵌"出来，社会主义也将成为资本主义、自由主义的取代者："本质上，社会主义是工业文明的先天倾向，这种倾向试图使自律性市场服膺于民主社会的方法，以超越自律性市场。这一解决方案对产业工人来说是极其自然的，他们看不出有什么不直接调节生产的理由，也看不出有什么理由在一个自由的社会中要把市场置于一个有用但从属于这个社会这样的地位之上。"[①] 美国经济学家和社会学家弗雷德·布洛克在《巨变：

---

① 卡尔·波兰尼.巨变：当代政治与经济的起源[M].黄树民，译.北京：社会科学文献出版社，2013：388.

当代政治与经济的起源》的导论里评论说:"对波兰尼而言,市场自由主义的致命伤就在于其将人类的需求,放置在一个非人性的市场机制逻辑下。他坚持我们应使用民主政治的机制,来控制及指引经济发展,以满足个人及群体的需求。"①

在当代,美国新马克思主义者大卫·哈维等学者指出,新自由主义主张把契约伦理作为社会关系中的核心,并试图将一切人类行为纳入市场交易领域。它在利用信息网络技术推动全球化浪潮的同时,更以技术创新推动金融创新,生产出形形色色的金融产品和花样翻新的金融衍生品,由此造成一种错觉:似乎虚拟经济可以取代实体经济,成为财富的主要创造力量。但这一过程的最终结果仍然是"两极分化":经济精英通过货币、股票、证券、基金、期货等的炒作瞬间就可以把数以亿计的资金收入囊中,他们的确获得了巨额财富。但是,劳工阶层则只能维持着低收入、低生活保障,失业成为他们必须面对的现实境遇。哈维指出:"新自由主义化的主要实质性成就不是生产财富和收入,而是对财富和收入进行再分配。"② 虽然方式不同,但新自由主义资本主义的积累,仍不过是一种"掠夺性积累"(accumulation by dispossession)。这一

---

① 卡尔·波兰尼.巨变:当代政治与经济的起源[M].黄树民,译.北京:社会科学文献出版社,2013:45(导论).
② 大卫·哈维.新自由主义简史[M].王钦,译.上海:上海译文出版社,2010:183.

批判显然具有很强的社会主义思想和价值度。

社会主义思潮的发展,往往以资本主义(特别是自由主义)的批判者和超越者这一形象出现的。换句话说,它是以资本主义"反题"之形式出现的。但是,人类文明的更替和进化绝非绝对否定的过程,而是一个辩证否定和不断扬弃的过程。要建立真正超越资本主义的先进文明形态,社会主义必须以宽广的世界眼光和博大的胸怀学习和借鉴一切先进文明成果,不断推进理论创新、实践创新和制度创新。唯有如此,社会主义才能站在历史的高度,使人类文明繁荣发展、提质进阶。

第二节 从"乌托邦"到"实托邦"

人生是值得拥有的,幸福是可期的,美好生活是值得追求的,这是人类存续、发展和自我超越的价值前提和精神动力。这一问题与人与自然、人与他人、人与社会和人与世界的关系密不可分,息息相关。那么,什么样的生活才是美好生活?什么样的社会才是理想社会?回答这类问题,既是有趣的思想实验,又是深刻的理论探索,更是鲜活的实践活动。追溯社会主义思想的源头与流变,大略可以用"一座岛屿""一部宣言""一声炮响"来描述。

一座岛屿:空想形态的社会主义

随着私有财产产生,人类社会进入阶级社会,剥削、压迫、奴役等不公正的社会现象随之出现,平等、公正、自由的理想社会成为许多仁人志士的执着追求。古希腊柏拉图的"理想国",基督教的"千年王国",中国的"大同社会""世外桃源"等,均表达了对不公现实的批判,对美好生活的憧憬和寄托。这一系列重要的思想实验,虽然并不等于社会主义,但却包含着社会主义的思想因素。关于对社会主义的第一次描述,必须提到"一座岛屿",

即"乌托邦"。

在传说中,"乌托邦"是一座中间宽大、两头尖削的新月形岛屿。这座岛屿被弯弯的陆地环抱,海湾风平浪静,碧波万顷,岛屿的港口地势险要,易守难攻。岛屿上花木繁盛,四季如春,凡是到访之客都会对这里的风景一见钟情。岛屿上有50多座城市,形制统一,布局相仿。人们住在带花园的房子里,房子定期抽签变更住户。产品归公家所有,不存在私有财产制度,个人如有需要,到公家仓库领取即可。社会上没有货币,没有商品买卖活动;金银被用来铸造粪盆,或者制成套在奴隶身上的枷锁,穿金戴银会被视为愚蠢可笑。人们的道德高尚纯洁,没有欧洲常见的尔虞我诈、损人利己、坑蒙拐骗、为非作歹等现象。人人热爱劳动,尽可能把充裕的时间用于精神上的自由及开拓进取……所以,在"乌托邦",没有阶级分化,没有贫富差距,没有丑恶不公,人民丰衣足食,安居乐业,生活幸福,人类发展指数极高。

"乌托邦"是一座美丽的岛屿,也是一个理想的国度,它出现在英国思想家托马斯·莫尔的著作《乌托邦》(*Utopia*)里。1478年2月,莫尔出生在一个富商家庭。他26岁便成为英国议会议员,当过律师、财政副大臣、下议院议长、大法官等,也是英国国王亨利八世的座上宾。那么,莫尔这样一个家境殷实、身份显赫的人,为什么会撰写批判资本主义的著作呢?

究其原因,有以下三条:其一,莫尔性格刚正不阿，富有正义感。莫尔在担任律师期间，接触了大量涉及社会下层民众的诉讼案，目睹了广大人民群众所遭受的苦难。他十分关心和同情社会底层民众，热衷于替遭遇不公的英国下层人士主持公道、伸张正义，在伦敦颇有名望。其二，莫尔热爱古典时期的作品，深受人文主义精神的影响。和文艺复兴时期大多数思想家一样，莫尔反对中世纪的神权至上主义和禁欲主义，主张以人为本、相信人的力量、尊重人的价值、满足人对世俗情感和物质利益的追求。但莫尔又不是简单顺应资产阶级需要的人文主义者，他始终对超越时代的理想社会充满好奇。据好友伊拉斯谟①证明，莫尔在青年时期就对柏拉图的《理想国》中的"共产主义"思想十分入迷。其三，莫尔关注社会现实，富有现实主义批判精神。15世纪末16世纪初，随着新航路的开辟，世界商路从地中海沿岸转移到大西洋沿岸，英国进行对外贸易的地理优势凸显出来。欧洲市场对羊毛织品的需求不断增大，刺激了英国以毛纺织业为基础的工场手工业迅猛发展，羊毛价格日益上涨，养羊成为十分赚钱的行当。在利益的驱使下，许多贵族地主、教会把自己的领地改造成牧场。当他们发现自家的土地不够用之时，他们便打起了自耕农土地的歪主意，或通过奸计骗取农民土地，或者诉诸暴力，用皮鞭和长矛驱逐农民，把得

---

① 伊拉斯谟（1466—1536），尼德兰（含今荷兰和比利时）著名人文主义思想家和神学家，代表作有《愚人颂》等。

来的土地用栅栏和壕沟围起来，变成了"羊的乐土"。后来，英国甚至通过国家立法使圈地合法化，对"神圣私有财产"实施了最无耻的凌辱。这场轰轰烈烈的"羊吃人"的运动，就是英国历史上著名的"圈地运动"。"圈地运动"在客观上促进了资产阶级的资本原始积累，为资本主义生产提供了廉价劳动力；同时也使大量农民无地可耕，有的甚至沦为流民或盗贼。在英国国王的残暴统治下，英国社会刑罚苛烦，流浪、乞讨皆是犯罪，盗窃更是重罪，老百姓动辄得咎，生存与生活十分艰辛。这正是莫尔批判现实制度、描述理想社会的直接原因。

资产阶级的人文主义并没有帮助莫尔找到罪恶社会产生的根源，也未能提供批判社会现实的思想武器。在畅游书海的过程中，莫尔从当时流行的水手和探险家的游记中发现了"新大陆"：美洲的印第安人和印度群岛土著人的生活处于原始公社阶段，他们没有"你的""我的"这种观念，过着财产公有、共同劳动、生活资料平均分配的生活。莫尔受到启发，惊呼造成"羊吃人"的残忍和不公正现象的原因在于私有制。莫尔借传奇航海家拉斐尔·希斯拉德之口指出："任何地方私有制存在，所有的人凭现金价值衡量所有的事物，那么，一个国家就难以有正义和繁荣……如不彻底废除私有制，产品不可能公平分配，人类不可能获得幸福。私有制存在一天，人类中绝大的一部分也是最优秀的一部分将始终背上沉重而甩不掉的贫困灾难担子。"①

《乌托邦》是1516年莫尔借用亨利八世派遣他出使佛兰德斯②的机会用拉丁文以游记的形式撰写的一本书,原名为《关于最完美的国家制度和乌托邦新岛的既有益又有趣的金书》。"乌托邦"是莫尔用希腊单词"όχι"(没有)和"τόπος"(地方)生造的一个词,合起来就是"Ουτοπία",转写为英文便是"Utopia"。严复按照"信、达、雅"的原则,把它翻译成"乌托邦"。其中,"乌",即"子虚乌有";"托",即"寄托";"邦",即"国家"。所以,"乌托邦"就是寄托人们的美好愿望而现实中并不存在的国家。这本书的第一部分批判了欧洲各国的社会制度,第二部分描述了一个没有私有制、没有金钱、按需分配的理想社会,这就是后来人们所说的"空想社会主义",托马斯·莫尔因此被称为"空想社会主义之父"。

那么,空想社会主义为什么是空想的呢?这是因为,它忽视了技术发展、生产力进步、物质财富增长对于满足人们高品质生活的根本性作用,没有真正超越自然经济、小生产的物质条件,认为依靠一天6个小时的农业劳动,社会物质财富就可以极大丰富,人们就能"按需分配"。

---

① 托马斯·莫尔.乌托邦[M].戴镏龄,译.北京:商务印书馆,1982:43-44.
② 佛兰德斯,西欧的一个历史地名,包括今比利时的东佛兰德省和西佛兰德省、法国的加来海峡省和北方省、荷兰的泽兰省,当时为伯爵领地,从英国大量进口羊毛。

很显然，这样的理想社会只能是"空中楼阁"。马克思和恩格斯在分析空想社会主义的实质时指出："这种幻想的未来社会方案，是在无产阶级还处于很不发展状态，因而对本身所处地位还抱着一种幻想的时候产生的，是从无产阶级希望社会总改造的最初的充满预感的激动中产生的。"[①]

然而，托马斯·莫尔对马克思、恩格斯创立科学社会主义产生了重要影响。《乌托邦》论证了资本原始积累时期贫苦大众的生活惨状，揭露了资本主义的罪恶，描述了一个人人平等、生活美好的理想社会，这为马克思、恩格斯批判反思资本主义、设计社会主义的科学蓝图，提供了丰富的感性材料和富有启发性的思想资源。

一部宣言：走向科学的社会主义

在莫尔的"乌托邦"之后，西方相继出现了闵采尔的"千年王国"、康帕内拉的"太阳城"、培根的"新亚特兰蒂斯"等一系列构想。和莫尔一样，这些思想家观察到资本主义社会发展早期的各种不平等现象，并试图批判超越旧制度，建立公正合理、繁荣进步的美好社会。19世纪中后期，随着工业革命完成，机器大工业逐渐取代工场手工业，资本主义社会的弊端日益凸显，并集中体现为工业资

---

① 马克思，恩格斯.马克思恩格斯全集：第四卷［M］.中共中央马克思恩格斯列宁斯大林著作编译局，译.北京：人民出版社，1958：501.

本家和工业劳动者之间的矛盾。以傅立叶、欧文和圣西门为代表的新一代空想社会主义者，深刻揭露了资本主义的罪恶，对未来的理想社会提出许多新奇美妙的设想，甚至将之付诸实践（实验）。但是，由于他们不能揭示资本主义的发展规律和根本矛盾，不懂得无产阶级的历史使命和阶级斗争的历史作用，他们的社会主义仍然只能是一种无法实现的空想。直到1848年2月，马克思和恩格斯共同撰写的《共产党宣言》（简称《宣言》）发表，社会主义才实现由空想向科学转变。

说到《共产党宣言》，就要提到一个组织——正义者同盟。1836年，一群受德国政府迫害而流亡的工人、小手工业者和小资产阶级革命者在巴黎建立了正义者同盟，其宗旨是使世界上一切人享有自由，实现财产公有制。他们的主要领导人魏特林是裁缝出身，沙佩尔是排字工人，鲍威尔是钟表匠。正义者同盟富有国际性和生命力，但由于受魏特林的空想社会主义、普鲁东的改良主义和小资产阶级的"真正社会主义"影响，正义者同盟缺乏科学理论的指导。他们的口号是"四海之内皆兄弟"，体现了其阶级立场的模糊性。他们的行动，要么诉诸布朗基主义，企图通过少数人密谋暴动建立无产阶级政权；要么期望唤醒人性中的"爱"和"互助"力量，消灭私有制。在这种情况下，正义者同盟的理论和实践都充满了迷津。1847年1月，约瑟夫·莫尔受正义者同盟全体领导人委托，前往巴黎邀请马克思和恩格斯加入并改组正义者同盟。1847年

6月，在马克思和恩格斯的帮助下，正义者同盟改名为共产主义者同盟，这就是人类历史上第一个无产阶级政党，"四海之内皆兄弟"的口号也被修改为"全世界无产者联合起来"，明确共产主义者同盟的任务是消灭现有资本主义制度，最终实现共产主义。1847年11月，马克思和恩格斯出席了共产主义者同盟第二次代表大会，并受大会委托共同起草共产主义者同盟的纲领——《共产党宣言》。《宣言》以深邃的思想、科学的论证和恢宏的气势宣告了马克思主义的诞生，既是资本主义的死亡通知书，也是科学社会主义的出生证明，在世界社会主义和共产主义运动中享有崇高地位，在人类思想发展史上具有重要的里程碑意义。

《共产党宣言》第一次系统完整地阐述了科学社会主义的原理：生产方式的内在矛盾是社会历史发展的基础，社会主义社会取代资本主义社会是历史发展的必然；自有文字以来的人类历史都是阶级斗争的历史，斗争、革命与专政是无产阶级解放自身和全人类的手段，是实现社会主义和共产主义的现实途径；作为无产阶级政党的共产党，承担着领导无产阶级消灭私有制和推翻资产阶级统治的历史使命；未来的共产主义社会将是"每个人的自由发展是一切人的自由发展的条件"的自由人联合体。可见，《宣言》的社会主义之所以是科学的，就在于它从唯物史观出发，在揭示人类社会发展一般规律的基础上，论证了社会主义取代资本主义的客观条件、组织保障和价值目标。

　　从科学社会主义理论的发展来看，马克思、恩格斯创立的社会主义理论之所以是科学的，就在于其理论始终是开放和不断更新的，具有实事求是和与时俱进的品质。在《宣言》中，马克思认为，随着资本全球化的推进，发达资本主义国家会像"多米诺骨牌"一样发生无产阶级革命，爆发世界性的革命运动。1856年，资本主义社会再次爆发经济危机，这次危机和以往不同，它是全球性的金融危机，甚至连军队、政治团体和政府都卷入资本市场的洪流之中。但由于资本主义国家通过货币政策、商业银行、产业调整等一系列政策应对危机，马克思预言的无产阶级革命并未如期到来。在此背景下，马克思、恩格斯对科学社会主义的理论内容进行了相应调整和发展。如果说在《共产党宣言》中，马克思、恩格斯更多强调"两个必然"的话——"资产阶级的灭亡和无产阶级的胜利是同样不可避免的"[①]，那么，这次危机之后的1859年，马克思在《政治经济学批判》序言中则提出了"两个决不会"，指出了社会主义取代资本主义这一过程的长期性和复杂性："无论哪一个社会形态，在它所能容纳的全部生产力发挥出来以前，是决不会灭亡的；而新的更高的生产关系，在它的物质存在条件在旧社会的胎胞里成熟以前，是决不会出现

[①] 马克思，恩格斯. 马克思恩格斯文集：第二卷［M］. 中共中央马克思恩格斯列宁斯大林著作编译局，译. 北京：人民出版社，2009：43.

的。"① 这两个著名的科学论断表面看起来相互矛盾，实际上它们共同揭示了人类社会历史发展的规律："两个必然"揭示的是社会历史发展的宏观规律和总体趋势，而"两个决不会"体现的是社会主义取代资本主义的必要条件。所以，不应超越历史发展的现实状况，将资本主义"孕育和发展的痛苦"误认为"垂死的挣扎"。

后来，马克思在创作政治经济学著作《资本论》的过程中，系统批判了资本增殖和积累的机制，指出共产主义是比资本主义"更高级的、以每个人的全面而自由的发展为基本原则的社会形式"②，"是人类从必然王国进入自由王国的飞跃"③，因而使科学社会主义奠定在更加坚固的理论基石之上。晚年，马克思把眼光投向东方，研究了落后的东方社会不经过资本主义的"卡夫丁峡谷"④直接进入社

---

① 马克思，恩格斯. 马克思恩格斯文集：第二卷［M］. 中共中央马克思恩格斯列宁斯大林著作编译局，译. 北京：人民出版社，2009：592.

② 马克思，恩格斯. 马克思恩格斯文集：第五卷［M］. 中共中央马克思恩格斯列宁斯大林著作编译局，译. 北京：人民出版社，2009：683.

③ 马克思，恩格斯. 马克思恩格斯文集：第九卷［M］. 中共中央马克思恩格斯列宁斯大林著作编译局，译. 北京：人民出版社，2009：300.

④ 卡夫丁峡谷，古罗马典故。公元前321年，古罗马军队在卡夫丁城的卡夫丁峡谷被萨谟奈人击败，古罗马战俘遭遇了被迫跪着爬过峡谷中用长矛架起的形似城门的"牛轭"的奇耻大辱。后来，欧洲人就用"卡夫丁峡谷"一词比喻灾难性的历史经历，并引申为人们（接下页）

会主义社会的问题,极大地拓宽了社会主义的实践空间。

简要总结马克思和恩格斯关于科学社会主义的描述,可以得到如下结论:社会主义是建立在对资本主义生产方式及其剥削本性的批判之上的;反对私有制,反对贫富分化,反对阶级压迫,追求全体社会成员的平等正义和普遍幸福,是其基本价值诉求。而科学社会主义之所以科学,就在于它以马克思主义为指导,以共产党领导的无产阶级革命作为动力,以实现物质财富极大丰富、人民精神境界极大提高、每个人自由全面发展的共产主义为最终奋斗目标。

一声炮响:步入成功实践的社会主义

科学社会主义理论产生以后的第一次实践,是1871年巴黎工人建立的人类历史上第一个无产阶级政权——巴黎公社。但是巴黎公社只存在70多天就失败了。科学社会主义真正由理论走向实践上的成功在于列宁主义。在列宁看来,19世纪末20世纪初,资本主义由自由竞争资本主义发展为垄断资本主义,逐步进入帝国主义阶段。由于政治经济发展的不平衡性,帝国主义列强之间必然掀起重新瓜分世界的战争。落后的东方国家可以在帝国主义链条的薄弱环节发动革命,建立无产阶级政权和社会主义国

在谋求发展时遭遇的巨大挑战和困难。马克思引用这一典故,主要是指资本主义社会形态或资本主义生产发展过程。

家。第一次世界大战（简称一战）的爆发为俄国提供了革命契机。1917年11月7日（俄历10月25日），"阿芙乐尔号"巡洋舰的士兵开炮发动起义，这就是"十月革命"。在列宁为首的布尔什维克党的领导下，20多万士兵和工人进攻冬宫，推翻俄国沙皇的专制统治，随后建立了苏维埃政权，走上了社会主义道路。在西方社会主义运动纷纷失败、前途黯淡的时候，只有俄国取得了无产阶级革命的胜利，可谓"西方不亮东方亮"。"阿芙乐尔号"巡洋舰曾经历三次革命和四场战争，因"十月革命"而一"战"成名。2014年9月21日，117岁的"阿芙乐尔号"被拖往俄罗斯海军部造船厂进行维护和修理后，参加了2017年十月革命100周年庆典。

"十月革命一声炮响，给我们送来了马克思列宁主义。"[1]这一声炮响正是"阿芙乐尔号"巡洋舰上的大炮发出的。但是近代中国并非一开始就接受了社会主义，而是首先尝试了资本主义道路。在发现资本主义道路并不适合中国之后，中国才最终选择科学社会主义，其间经历了艰难曲折的过程。

---

[1] 毛泽东.毛泽东选集：第四卷[M].北京：人民出版社，1991：1471.

第三节　从一国社会主义到世界社会主义

历史长河滚滚向前，人类社会不断进步。但是，人类社会任何一次进步都不是轻而易举的，往往伴随着刀与剑、血与火、生与死的交锋和斗争。社会主义，作为脱胎于资本主义社会的新生事物，其成长也经历了一个漫长曲折的过程。从1917年俄国建立人类历史上第一个社会主义国家开始算起，无产阶级专政意义上的科学社会主义实践已经走过100多年的历程。时至今日，科学社会主义在全世界范围内仍然焕发出蓬勃生机。

从共产党执政参政的情况来看，目前世界上有100多个仍保持共产党名称或坚持马克思主义性质的政党，其中执政的共产党有5个（中国、越南、古巴、朝鲜、老挝），南非共产党、葡萄牙共产党等16个国家的共产党近期在执政联盟中参政。在资本主义国家，有133个坚持社会主义的共产党和工人党在近期国内选举中在议会占有席位，其中白俄罗斯、比利时、巴西、法国、日本、乌拉圭等30个国家的共产党在本国上议院占有席位。

从共产党员数量看，1847年共产主义者同盟创立时，世界上才出现第一个共产党，约有400名党员。经过近

100多年的发展，到2019年年底，中国共产党党员约有9200万，越南共产党党员约有450万，朝鲜劳动党党员有400多万，古巴共产党党员约有100万，老挝人民革命党党员约有31万。除了社会主义国家外，世界上其他国家的共产党组织共有党员约有850万人。加起来，目前世界上约有1.1亿共产党员，约占世界总人口数的1.43%。

从资本主义国家中社会主义因素的发展来看，以资本主义大本营美国为例：20世纪80年代以来，美国大力推行新自由主义政策，大力发挥金融资本对经济发展的刺激作用，最终却加深了资本主义内在的矛盾，造成了全世界范围内的金融危机。在此背景下，一些人开始积极热情地拥抱社会主义。根据2011年的皮尤调查，30岁以下的美国人中有49%积极看待社会主义；2016年《波士顿环球报》在美国新罕布什尔州初选前调查显示，35岁以下的选民中有超过50%自称社会主义者。在2016年上半年开始的美国大选的初选中，伯尼·桑德斯抨击了美国愈演愈烈的贫富差距、政治献金体制、寡头政治，并以"民主社会主义"来宣传自己的施政理念，在美国社会刮起了一股"社会主义"旋风。

"踏遍青山人未老，风景这边独好。"[1]社会主义在当代中国正显示出蓬勃生机。马克思和恩格斯于1848年在

---

[1] 毛泽东.清平乐·会昌［C］//中共中央文献研究室.毛泽东诗词集.北京：中央文献出版社，1996：46.

《共产党宣言》中描绘的"共产主义的幽灵"在古老的东方大地上找到"肉身"并茁壮成长。实行社会主义制度的中国,巍然屹立于世界的东方,日益走近世界舞台的中央,不断为人类发展做出新的更大贡献,这是"社会主义过时论"的"过时",是"中国崩溃论"的"崩溃",是"历史终结论"的"终结",也是现代化"西方中心论"的"去中心化"。社会主义在中国,乃至世界的发展,社会主义思潮及其实践在全世界焕发的生机和活力,有力地展示了马克思主义的真理性力量,也有力地证明了"大道不孤"的道理。

第二章
千年变局知兴替：
社会主义与中国救亡

近现代关系中国前途命运的总问题，是选择何种发展道路的问题。肇始于大航海时代的中西文明冲突，1840年激化到兵戎相见的地步。第一次鸦片战争战败后，清政府被迫同英国侵略者签订《南京条约》，割地赔款，丧权辱国，民不聊生……中国被迫由"中国之中国""亚洲之中国"变成"世界之中国"，并遭遇着"三千年未有之大变局"。面临内忧外患，先进的中国人开始觉醒，他们试图向西方寻求救国救民的办法，艰难地进行着救国救民的尝试。在相互竞争的各种社会思潮之中，在形形色色的实践方案中，中国人最终放弃了资本主义道路，选择了社会主义道路，实现了国家独立和人民解放。

第一节 资本主义在中国是一条"死胡同"

《人类简史》的作者赫拉利认为,人类历史上有三种试图统一世界的力量,一是主张一神信仰的宗教,二是对领土具有极度渴望的帝国,三是以价值增殖为目标的资本主义。很显然,自人类进入近现代社会后,资本主义的力量超越了宗教和帝国,取得了支配地位。19世纪中叶,世界经济政治领域多了一个新词,叫作"资本主义"(Capitalism),世界进入了"资本的年代"。在利润最大化的欲望的驱使下,资本要求打破地理空间的限制,使全世界变成资本的空间;资产阶级试图凭借丰硕的工业文明成果,利用先进的经济军事科技实力,在全球建立自己的统治。而此时的中国,正处于康乾盛世之后的封建社会晚期,男耕女织的小农经济仍然是中国经济的主要形态,君主专制的中央集权则达到顶峰。对于资本主义文明的冲击,中国既无充分的物质准备,也无充分的心理准备。

"顺合历史潮流":中国人思想观念的剧变

鸦片战争失败后,中国被迫在地理空间上进入资本主义世界体系,直面资本的增殖逻辑和资本的权力逻辑。晚清中国遭遇的大变局，不仅表现在中国被迫割地赔款、人民被奴役的惨状，更表现为中国人的价值观念的剧烈变化。

首先，从"天下"到"万国"的世界观转变。

深刻把握晚清以来中国文明的危机，须将中国近代史纳入世界近代史的框架。资本主义是自1500年从地中海地区发展起来的，以金融和军事技术为核心，不断向世界扩张的工商文明，而近代中国则一直是以农业生产和儒家文化为中心的农耕文明。这两种有着不同历史传统的文明形式于19世纪初开始了漫长的"互动"和博弈，构成理解近代世界大势和中国"兴亡"的关键。

早在西周时期，中国人就形成了以"天下"为中心的世界观。"天下"是一个地理概念，是指"天圆地方""天覆地载"的空间范围，但更是指具有本体论意义的世界秩序和文化秩序，包含着中国人对世界文明秩序的想象。在这种世界观里，中国是天朝上国，处于世界的中心，周边国家则是接受中央王朝恩赐和领导的藩属国。藩属国之外的国家，包括西欧国家，都被称为"化外之国""蛮夷之邦"。"天下"观念为中国延续数千年的"大一统"秩序格局提供了理论支持，也为中国人构建"协和万邦""四海一家"的理想世界提供了理念支撑。但传统的"天下"观念存在重视静态的空间秩序，忽视动态的时间演化，重视"自我"而轻视"他者"的问题。这种现象在晚清时期表现得尤为突出。在清代的官方文书中，许多西方国家的名字被加上"口"字旁作为蔑称，如英国、法国和美国被

第二章 千年变局知兴替：社会主义与中国救亡

分别称为"嘆夷""哺夷""咪夷"。中国与这些国家进行通商往来，并非要进行商业意义上的互通有无，而是为了体现天朝上国"怀柔远人"的恩赐。物极必反。最终，晚清统治者在"骄矜自伐"之后走向"闭目塞听"，"天朝上国"走向"闭关锁国"，传统的"天下"观也在外部世界的冲击下遭遇了裂变。

真正唤醒中国人，特别是知识分子的"天朝上国"迷梦的，是1840年鸦片战争的爆发。这是一场农业文明和工商文明对决的战争，学术界将其定位为中国近代史的开端。面对渔猎民族或者游牧民族，农耕民族拥有强大的优势：不仅说得过，而且打得过；假如说不过，亦能打得过；即使打不过，亦能以文化之。但是，面对具有强大军事和金融实力的工商民族，情况就变得完全不一样了。

第一次鸦片战争前后，中英两国的国情和实力对比如何呢？1840年，中国的国内生产总值（GDP）位居全世界第一，按苏联式工农业总生产值（MPS）算法计算，中国约为英国的6倍，但二者的结构却不一样。英国GDP总量虽然不如中国，但其钢铁生产、机械制造、机器纺织在世界市场中占有重要地位。而中国的GDP总量虽大，但以农业生产、农产品为主，根本谈不上机械化生产。从出口结构来看，英国主要向西欧大陆出口工业制品，而中国出口英国的则是茶叶、丝绸、瓷器、桐油、猪鬃等。从人力资源状况来看，中国号称有40 000万人，英国只有一两千万人，中国的人力资源数量远远超过英国。但是，英国的人力资源素质却让中国难以企及,英国当时已经普及小学,并且创办了中学和大学,每年培养了大量科研人员、工程师、经济管理人员、金融从业人员。而中国则绝大多数人是文盲,读书人几乎都是读四书五经、求取功名的传统知识分子,鲜有人懂得近代科学技术和现代金融。①可见,"量"并不等于"质","量"亦不能轻而易举地置换"质"。生产活动非技术性精细化前提下的经济规模,并不能代表先进的生产力和经济实力。在这种情况下,中英之间的战争胜负可以说是"命中注定"的。

马克思指出:

> 一个人口几乎占人类三分之一的大帝国,不顾时势,安于现状,人为地隔绝于世并因此竭力以天朝尽善尽美的幻想自欺。这样一个帝国注定最后要在一场殊死的决斗中被打垮。②

1840年,鸦片战争的失败,使中国先进知识分子的文化优越感受到了极大冲击。他们发现,儒家的"天下体系"不能使西方的民族国家臣服,"王道政治"不能对

---

① 吴敬琏,厉以宁,林毅夫,等.读懂中国改革4:关键五年(2016—2020)[C].北京:中信出版社,2017:15.
② 马克思,恩格斯.马克思恩格斯文集:第二卷[M].中共中央马克思恩格斯列宁斯大林著作编译局,译.北京:人民出版社,2009:632.

第二章 千年变局知兴替：社会主义与中国救亡

抗"坚船利炮"，"礼乐文化"亦不能抵御"廉价商品"。一些中国人逐渐认识到，中国不是"天下"的中心，而是"万国"中的一员。"万国"之"国"，就是现代意义上的民族国家，由独立的主权、明确疆域的领土和一定数量的民众构成。在"万国"的基础上，人们引入的佛教词语"世界"逐渐取代"天下"。与"天下"主要指不变的道德秩序不同，"世界"被用来表达变化中的事物和人类时局。可见，在晚清，中国不得不摆正自己在世界中的位置，认识到自己不仅是"中国之中国""亚洲之中国"，也是"世界之中国"。中国人的国家观，也开始从基于"天下"意识的朝贡国家观逐渐转变为基于"世界"意识的民族国家观。在文明方面，中国人也开始认识到，"今之夷狄，非犹古之夷狄也"（严复语），"西人治国有法度，不得以古旧之夷狄视之"（康有为语）。

其次，从循环史观到进化史观转变。

人类社会的变迁大致可分为微型变迁和巨型变迁两大类型。前者是指在同一生产方式或经济形态内发生的经济、政治、社会、文化的变化，后者则指突破原有生产方式和经济形态的结构性的深刻变革。[①] 第一次鸦片战争爆发以前，中国社会是顺应自然节律变化安排生产生活的农耕社会，以朝代兴衰更迭为表征的中国社会变革属于微型

---

① 罗荣渠.现代化新论——世界与中国的现代化进程［M］.北京：北京大学出版社，1993：238-239.

变迁。伴随农民起义爆发和统治阶级内部分裂，旧王朝衰落；伴随着统治阶级内部统一和社会重新回归"秩序"，新王朝建立。王朝"易姓改号"并不意味着社会生产方式"改弦易辙"，即使在王朝兴盛时期，超大规模过剩人口的产生，固然直接促进了生产规模的扩大，但并没有引起生产技术和生产方式的实质性变革——因为增加廉价劳动力投入远比技术发明更为实惠。所以，封建社会在"治乱""兴衰""分合"的循环逻辑下，政治的演进、经济的增长、人口的繁衍、文化的传播仅以微弱缓慢的方式向前"量变"，而并未产生"经济基础"层面的"质变"。所以，在整个封建时代，中国的经济发展总是处于较低水平的"内卷化"状态，中国的社会结构则呈现出一种"超稳定"状态。

人们将农业社会的日出日落、四季更替的自然现象和发展滞缓、变迁微弱的社会现象迁移到社会历史领域，形成了循环史观。商周时代，人们通过对自然现象的经验观察和理论抽象，形成了"阴阳五行"的宇宙观，也为封闭机械的循环史观之形成奠定了基础。春秋战国时期，孔子指出，历史的变化是"文—质"交替循环的产物；孟子指出，由尧舜至商汤，由文王至孔子，说明"五百年必有王者兴"；邹衍根据自然界5种基本元素相生相克的原理，指出人类社会运动不过是"金木水火土"五德的循环；董仲舒将邹衍的理论系统化，提出了黑白赤"三统之变"的历史循环论。总之，在循环史观之下，社会的发展就按照

第二章 千年变局知兴替：社会主义与中国救亡

"一治一乱""一盛一衰""一分一合"的逻辑更替往复，崇古尚古是其重要特征。

第一次鸦片战争不仅在空间上打破了清朝自给自足的封闭格局，把中国纳入资本主义世界秩序，也在时间上打破了中国封闭的"治—乱"循环结构，将中国的历史叙事和世界历史叙事接续起来。中国历史的"古今"框架被"中西"框架强行撕裂，组合成新的"古今中西"结构。由于工商文明的先进性，在这一框架中，中国为"古"，西方为"今"；在价值排序上，"中西"结构也逐渐优于"古今"结构。

工业文明和启蒙主义观念对农业文明和儒家文化的强烈冲击，迫使先进中国人重新反思历史发展的趋势和方向问题。来华传教士编译的书籍、中国学者译介的外国作品日增，使西方自然科学和社会科学在中国得到广泛传播，这对中国人的历史观产生了重大影响。其中，严复译介的《天演论》对中国的影响尤为突出。在译介该书的过程中，严复将赫胥黎的"生物进化论""社会进化论"与斯宾塞的"社会达尔文主义"进行糅合，把"中国传统思想的核心观念'天'同'演'结合起来，创造了'天演'这一具有宇宙观意义的'evolution'译名"[①]，从而将进化主义视为普遍的天道和自然法则，使之具有了本体论意义。经过

---

① 王中江.进化主义在中国的兴起[M].北京：中国人民大学出版社，2010：61.

多年传播，中国人逐渐相信，进化是宇宙之铁则，不进化就必遭淘汰。所以，先进中国人的历史观开始发生变化，他们或以"进化"改造传统的循环史观（如魏源、王韬），或以"进化"颠覆"循环"史观（如康有为、梁启超）。经过多年启蒙，进化主义和进步观念逐渐深入人心。

第三，从平和到竞争的思想意识转变。

随着现代民族国家体系取代传统朝贡国家体系，开放的进化史观取代封闭的循环史观，原本被束缚在家庭、家族中的个体也逃离出来，开始寻求自我意识的确证和社会关系的重新定位。过去消极顺从自然的天道观、"君子不争"的群己观、"君子不器"的物质观，以及"中庸平和"处世观被打破或被边缘化，而"人往高处走，水往低处流""吃得苦中苦，方为人上人"等所表达的价值观念逐渐走向中心。追求个性自由、个人发展的愿望，与实现阶层命运改变、民族独立和国家富强紧密联系起来，这不仅大大解放了中国人的心力，也为农业文明的静态精神结构注入活力，为中国进行整体性的社会革命和开展现代化运动提供了精神动力。

茅海建指出，鸦片战争的真正意义在于："用火与剑的形式，告诉中国人的使命：中国必须近代化，顺合世界之潮流。"[1]只要中国近代化和现代化的进程没有完成，鸦

---

[1] 茅海建.天朝的崩溃——鸦片战争再研究[M].北京：生活·读书·新知三联书店，1995：25.

片战争敲响的警钟,就会不断在中国人民和中华民族的耳畔鸣响;只要重构国家主体性和民族主体性的重任尚在肩上,鸦片战争研究的热度就不会减弱。

鸦片战争惨败后,中国人看到中国社会的运行逻辑,不再是封建小农社会内部的时运转移和人心向背,而是农业文明面对工业文明时的自我调适和激越变革;不再是传统的血缘之家国、夷夏之天下、道德之天命的重建和再造,而是在全新世界格局中寻找国家富强、人民幸福、民族复兴的道路。思考中国社会问题的主体,不是"为民请命"的纯粹儒家知识分子,而是受西学影响至深、中西会通的现代知识分子。睁眼看世界,反躬自省,成为先进中国人的第一反应;向强者学习,尝试走资本主义道路,也成为先进中国人的自发选择。从魏源、林则徐等的"师夷制夷",再到曾国藩、李鸿章等的"自强""求富";从康有为、梁启超等的"变法维新",再到孙中山、黄兴等的"民主共和";从张之洞、张百熙等的"废科举,兴学堂",再到钱玄同、鲁迅等的"废汉字,倡拉丁文",简言之,向资本主义学习,从器物到制度,从制度再到文教,先进中国人都在努力。但这些努力均归失败,究竟是为什么呢?

"先生老是侵略学生":帝国主义的阻挠限制

毛泽东在《论人民民主专政》中指出:"帝国主义的侵略打破了中国人学西方的迷梦。很奇怪,为什么先生老是侵略学生呢?中国人向西方学得不少,但是行不通,理想总是不能实现。"①鸦片战争失败后，许多先进中国人对西学，也就是西方的自然科学和社会科学都采取一种应学尽学的态度。但是出现了一个奇怪的现象："学生"学得那么努力，"先生"却总是欺侮"学生"，甚至侵略"学生"。这是为什么呢？这是资本主义的本性决定的。从19世纪中叶到20世纪初，西欧主要国家逐渐完成了两次工业革命，资本主义由自由资本主义向垄断资本主义阶段发展。随着资本主义生产力大大提升，资本主义国家的国内资源和市场已经远远不能满足日益膨胀的资本增殖和资本积累的需要。为此，它们通过军事侵略、贸易协定、殖民政策在全世界范围争夺商品和资本市场，争夺原料产地和廉价劳动力。由此，全球逐渐形成了"中心—半边缘—边缘"结构的资本主义世界体系。在该体系下，中心国家希望永远控制、主导边缘国家，期望边缘国家的经济依附它们，为其利益而分包生产。中心国家也会允许边缘国家适度发展，但前提是不能威胁自身的利益和地位。一旦某个边缘国家获得独立、快速发展抑或变得强大，这些国家就会不择手段地采取遏制政策，以维持现有的地缘政治格局和经济利益格局。德国历史学派代表人物弗里德里希·李斯特曾用"抽梯子"对这种现象进行说明：先发内生型现代化国家往往会踢开他们登上高处的梯子，以避免其他国家也紧随其后轻易地爬上来。

---

① 毛泽东.毛泽东选集：第四卷［M］.北京：人民出版社，1991：1470.

第二章 千年变局知兴替：社会主义与中国救亡

以中日关系为例：中国一衣带水的邻邦——日本，2000年来一直是中国的"学生"。从《论语》到《法华经》，从书法到茶道，日本受中国文化影响至深。甚至第一次鸦片战争爆发后，日本仍然在向中国学习，当然此时学习的主要不是中国的传统文化，而是为了了解西方世界。比如国人熟知的《海国图志》：1843年，这本全面介绍西方政治、经济、文化、外交的巨著有皇皇50卷，但在中国问世之后，几乎处于无人问津的状态，仅印刷了1000册。1851年，一艘中国商船驶入日本长崎港，日本海关官员在对这艘船例行检查时，从船上翻出三部《海国图志》，日本人如获至宝。从基层公务员到上层社会的贵族，从武士到普通知识分子，从横井小楠到伊藤博文，许多人都成了该书的"铁杆粉丝"，以至于它在日本前后共印刷了15版，到1859年价格飙升3倍。许多日本史学家和政治家甚至认为，该书是使日本在近代浴火重生的一部重量级著作。

同样面对西方文化，一边是整体性反应迟钝，一边却是全民族迅猛学习。在鸦片战争后半个世纪的时间里，中日之间的力量对比发生了颠覆性变化。中国经过洋务运动虽然开始跟跟跄跄地走上现代化道路，但仍然是晚清统治下的半殖民地半封建国家，而日本则在黑船事件[①]之后通

[①] 黑船事件：美国以炮舰逼迫日本打开国门的历史事件。1853年，美国海军准将马休·佩里等率舰队驶入日本江户湾，提出开港要求，双方于次年签订《日美和亲条约》。

过明治维新走上了全面现代化道路,并快速跻身于帝国主义列强之列。由此,中日之间的师生关系发生颠覆性变化,原来的"老师"变成了"学生",而原来的"学生"则变成了"老师",日本成了中国最大的"老师"。近代西方思想文化,包括社会主义、马克思主义都是从那里传播到中国来的,比如"资本""经济"等词语都来自日本。日本同时也是近代中国派出留学生最多的国家,从甲午战争到民国初期,大约有22 000名。宋教仁、蒋介石等人都在日本留学过。连孙中山的名字都与日本有关。孙中山,族谱上的名字是"孙德明",上学后改为"孙文",取"文以载道"之意。据说,当年孙文流亡日本,住的地方附近有个大家族——中山家族,日本明治天皇的母亲就是这个家族的人。孙文一生致力于社会改造,由于对明治天皇钦佩有加,便取了个"中山"的姓,名为"樵",即孙文的一个化名:中山樵。章士钊在翻译日本作家宫崎寅藏的《三十三年落花梦》中的《大革命家孙逸仙》时,为了避讳"孙文"一名,在"中山樵"的基础上,直接改名为"孙中山",这个名字就此流传开来并被孙中山接受。

然而,日本这个"老师"却是近代"欺侮"中国最狠的国家,具体可以用三"多"来概括:与中国签订的不平等条约最多,获得中国的赔款最多,杀害的中国人最多。有学者统计,中国近代总共订立736个条约,其中不平等条约有343个;而日本与中国签订的不平等条约最多,总共有77个,比老牌资本主义国家英国、法国都多。同时,

第二章 千年变局知兴替：社会主义与中国救亡

近代中国赔款总额约白银13亿两，其中日本就达到3亿多两，也是所有国家中最多的。附带说一句，当时，清政府甚至还与八竿子打不着的非洲国家刚果自由邦①签订了不平等条约——《天津专章》。国弱如此，可见一斑！

值得注意的是，热衷学西方、搞洋务的晚清重臣李鸿章，也在处理中日关系的过程中"挨了打"。在1894年至1895年的中日甲午战争中，北洋舰队全军覆没，中国战败。在同日本签订《马关条约》的谈判桌上，晚清重臣李鸿章受尽了伊藤博文的羞辱。当时西方报刊上有一幅漫画：在《马关条约》的谈判桌上，一面是穿着绅士服、盛气凌人的日本首相伊藤博文，一面则是穿着晚清朝服、唯唯诺诺的大清帝国议和大臣李鸿章。漫画的题文则赫然写着伊藤博文的话："李中堂，你今天签也得签，不签也得签，没得商量！"在春帆楼附近，李鸿章甚至被日本浪人开枪打伤面部。李鸿章的经历说明：任何个人，无论力量如何强大、如何居于高位，面对积贫积弱的国家历史境遇，都会显得无力无奈和可悲可叹。

---

① 刚果自由邦，由比利时国王利奥波德二世于1884年建立，1908年被比利时政府接管，改称比属刚果。1960年6月30日独立，定都金沙萨，几经更名，最终确定国名为刚果民主共和国，简称刚果（金）。关于刚果自由邦是否属于近代中国的不平等条约国，学术界一直有争议，此处采用的是侯中军的看法。〔参见侯中军.近代中国不平等条约及其评判标准的探讨［J］.历史研究，2009（01）：64-84.〕

中日甲午战争失败后,许多先进知识分子扼腕痛呼。康有为说:

> 举四万万圆颅方趾聪明强力之人,二万万方里膏腴岩阻之地,而投之不测之渊,掷之怒涛之海,悬诸绝崖之下,施以凌迟之刑,羁以牛马之络,刲之缚之割之鬻之,是四万万之人者,寝于覆屋之下,锁于漏舟之中,跃于炎炎薪火之上,以舞以歌,以食以哺,未闻大声疾呼,羯鼓长号者,是真死矣,亡矣,不可救矣。①

整个国家就像即将倾覆的高楼,又像千疮百孔的大船,更像放在火炉上的炙烤之物。面对此情此景,竟然没有任何人大声疾呼,奔走相告,这样的国家、这样的民族真是大难将至,死到临头,不可救药了。康有为的学生梁启超则指出:

> 吾国四千余年大梦之唤醒,实自甲午战败割台湾偿二百兆以后始也。②

---

① 康有为.保国会序[G]//汤志钧.康有为政论集:上册.北京:中华书局,1981:20.
② 梁启超.戊戌政变记[M].上海:中华书局,1954:123.

第二章 千年变局知兴替：社会主义与中国救亡

甲午中日战争的失败并没有阻挠中国向资本主义学习的步伐，康有为和梁启超主导的"戊戌变法"正是向日本学习君主立宪的改良制度，孙中山和黄兴主导的"辛亥革命"则是向西欧学习资产阶级民主共和制度。

真正使中国对西方资本主义道路产生怀疑的是第一次世界大战的爆发。如果说甲午战争是日本这一个"老师"欺侮"学生"，那么第一次世界大战后的巴黎和会就是一群"老师"欺侮"学生"。第一次世界大战期间，中国派遣了十几万劳工参与其中，付出了巨大的牺牲。但是一战后，作为战胜国的中国却不能享受战胜国的合法权益。相反，在巴黎和会上，主张"民族自决"的美国总统威尔逊却向中国代表团提出，把德国在胶州租借地以及根据中德之间的条约规定的全部权利转让给日本。所以，参会的中国代表团成员顾维钧[①]在回忆录中写道："以前我们也曾想过最终方案可能不会太好，但却不曾料到结果竟是如此之惨。""五四运动"期间，时为北京大学学生的罗家伦[②]在《北京学界全体联合宣言》中写道："中国的土地可以征服

[①] 顾维钧（1888—1985），字少川，汉族，江苏省嘉定县（今上海市嘉定区）人，毕业于美国哥伦比亚大学，中国近现代外交家。20世纪80年代，长达12卷的《顾维钧回忆录》陆续出版，成为研究中国近现代外交的重要资料。

[②] 罗家伦（1897—1969），字志希，笔名毅，浙江绍兴人。中国近代著名教育家、思想家和社会活动家。他是"五四运动"的学生领袖和命名者，提出"外争国权，内除国贼"的口号。

而不可以断送！中国的人民可以杀戮而不可以低头！国亡了！同胞们！起来呀！"

帝国主义列强"强权即真理"的霸道逻辑，完全暴露了它们贪婪虚伪的面目，极大地伤害了中国人的感情。对于列强而言，它们不期待中国成为"青出于蓝而胜于蓝"的好学生，而是希望中国始终充当它们的附庸。因此，"师夷制夷""师夷自强""以夷制夷"等强国主张最终均变成泡影。

"西洋镜的破碎"：西方文化的霸道逻辑被质疑

在近代中西方互相接触之初，西方人和东方人都是戴着有色眼镜来看待对方的。当中国人以"华尊夷卑"的文明观将西方人视为"蛮夷"时，西方人也按照自身的文明等级论将中国定位为介于野蛮与文明之间的"半文明国家"（half-civilized nation）。鸦片战争后，来自欧洲的"西洋镜"逐渐取代中国的铜镜，成为中国人自我审视的工具。这面"西洋镜"，就是西方的文明等级论。有学者指出："文明论在中国，恰似西方人送上的白雪公主后妈的魔镜，迫使中国人观'西洋镜'中之陋容，从夷夏观念的自大中清醒过来，进入西方文明论的镜像。"[①]西方文明论完全成为中国人观察自身的一面镜子，中国人从里面看

---

① 宋少鹏."西洋镜"里的中国女性［C］//刘禾.世界秩序与文明等级：全球史研究的新路径.北京：生活·读书·新知三联书店，2016：307.

到的是中国国力的羸弱、政治的腐朽、文化的衰败以及民众的愚昧,甚至到了怀疑国民性的地步。梁启超认为,中国与西方在文明等级上存在霄壤之别,中国在全球文明格局和秩序中处于中等位置:"以今日之中国视泰西,中国固为野蛮也。"① 知不足、学榜样、求进化就成为中国先进知识分子的追求。

如果说巴黎和会让中国人丧失了对西方列强的政治信任,那么一战的爆发则让中国人对西方文化产生了怀疑。

以"民主""科学"为口号,以新道德、新文学为宗旨,新文化运动对中国的传统文化发起猛烈批判。陈独秀是新文化运动的重要代表人物,也是反传统、促西化的积极推行者。他指出:

> 无论政治学术道德文章,西洋的法子和中国的法子,绝对是两样,断断不可调和牵就的。这两样孰好孰歹,是另外一个问题,现在不必议论;但或是仍旧用中国的老法子,或是改用西洋的新法子,这个国是,不可不首先决定。若是决计守旧,一切都应该采用中国的老法子,不必白费金钱派什么留学生,办什么学校,来研究西洋学问。若是决计革新,一切都应该采用西洋的新法子,不必拿什么国粹,什么国情的鬼话来捣乱。……因为新旧两种法

---

① 梁启超.饮冰室合集:第一册[M].北京:中华书局,1989:93-94.

子,好像水火冰炭,断然不能相容;要想两样并行,必至弄得非牛非马,一样不成。①

最激进的是废除汉字运动。许多学者,比如蔡元培、鲁迅、钱玄同、赵元任就认为,汉字难认、难记、难写,是导致中国落后挨打的重要原因,所以要对汉字进行简化甚至进行拉丁化、罗马化改革。当时有本杂志名叫《国语月刊的特刊 汉字改革号》,生动反映了这一时期汉字改革的阵势。其封面插图把汉字描绘成牛鬼蛇神,它们在西文字母大军的凌厉攻击下溃不成军,而一般群众则远远地充当着"看客"角色。钱玄同在其中发表的《汉字革命》一文指出:"汉字不革命,则教育决不能普及,国语决不能统一,国语的文学决不能充分的发展,全世界的人们公有的新道理、新学问、新知识决不能很便利、很自由地用国语写出。"也就是说,为了学习西方文化、发展中国的新文化,就必须推动汉字革命。

但是,因为第一次世界大战及巴黎和会,中国对中西两种文化的态度发生了极大转变。第一次世界大战是一场非正义的帝国主义争霸战争,它把全世界30多个国家卷入其中,造成3000多万人伤亡。战争的恐怖和残酷不仅使西方人开始反思自身的文明,也打碎了中国人用以省察

---

① 陈独秀.陈独秀文集:第一卷[M].北京:人民出版社,2013:307-308.

自身的这面"西洋镜"。德国人奥斯瓦德尔·斯宾格勒的《西方的没落》站在"文化形态学"的角度指出,任何一种文化都有一个产生、发展、衰亡及其毁灭的生命周期,西方文化也不例外;西方已经走过文化的创造阶段,正通过反省物质享受而无可挽回地迈向没落。紧随其后的是,中国人也对西方文化以及衡量文明等级的"西洋镜"产生怀疑。杜亚泉主编的《东方杂志》指出,一战的战场炮火闪耀的光,照见的是西洋政治和社会生活的黑暗面,这让人们发现世界竟然如此残酷无情。过去被中国人尊崇的西学及其价值理念,如社会进化论、科学主义、技术理性以及宗教狂热都受到尖锐批判。一时间,被激进知识分子扫进历史垃圾堆的传统文化又被重新拯救出来,变成"传家宝"。

1919年至1920年,梁启超曾到西欧参观访问。后来,他在《欧游心影录》中对西方文明的衰落和"东方文化救世论"进行了生动描述。有一次,一位美国记者和梁启超闲谈,记者问他回到中国后干什么,是否要带西方文明回去。梁启超做了肯定回答。不料,这位记者不无感叹地说,西方文明已经破产了。梁启超问这位记者回美国干什么。这位记者回复说,回去就关起门来,等中国文明输进来拯救西方文明。还有一次,和几位德国社会党人闲谈之时,梁启超说起西周的"井田制",孔子的"不患寡而患不均",以及墨子的"兼爱""非攻""寝兵"等,他们听后埋怨中国人说,家里藏着宝贝不拿出来分享,真是有些看不起人。所以，在该书的末尾，梁启超号召中国青年以孔子、老子、墨子的学说拯救西方文化：

> 我可爱的青年啊，立正，开步走！大海对岸那边有好几万万人，愁着物质文明破产，哀哀欲绝的喊救命，等着你来超拔他哩。我们在天的祖宗三大圣和许多前辈，眼巴巴盼望你完成他的事业，正在拿他的精神来加佑你哩。①

一战后，"西洋镜"被打碎，中西文化之间的师徒关系颠倒过来，真可谓"东风压倒西风"。

"少数资本家的幸福"：不能重蹈资本剥削的覆辙

马克思和恩格斯曾在《共产党宣言》中盛赞，资产阶级在它不到100年的阶级统治中所创造的生产力，比过去一切世代创造的还要多，还要大。同时，马克思在《资本论》中指出，资本来到世间，从头到脚，每个毛孔都滴着血和肮脏的东西。在列强的坚船利炮打开中国国门后，中国人对这两个方面均有强烈而直观的感受，既看到了资本主义的先进器物文明，又看到了列强贪得无厌、毫不掩饰的欲望，但他们对资本主义生产方式的本质、矛盾及其可能造成的社会问题缺乏切身体验。到了19世纪末20世纪

---

① 梁启超.欧游心影录[C]//饮冰室合集：第7册.北京：中华书局，1989：38.

初,随着中国民族资本主义的发展,产业工人数量的增长,这一状况发生巨大变化,一些有识之士开始意识到资本主义生产方式的弊端,认为中国的发展必须使中国人民避免重蹈资本主义带来的各种苦难。

首先,资本剥削造成的贫富分化违背了普罗大众对幸福生活的向往。

中国人自古就有"等贵贱""均贫富""均田免粮"的朴素平等诉求。如果土地兼并严重,导致富者田连阡陌,贫者无立锥之地,富者益富,贫者益贫,农民起义就会爆发。19世纪中叶席卷大半中国的太平天国运动就是为了建立"凡天下田,天下人同耕""无处不均匀,无人不饱暖"的地上天国。因此,一些先进中国人意识到,中国不能走资本主义贫富分化的老路,而是必须将底层人民对平等和富足的渴望纳入社会改造的计划。孙中山就是其中的典型代表。1912年4月,孙中山辞去中华民国临时大总统,他在临别演说辞中说,西方国家虽然富足,但这些国家国内贫富悬殊极为明显,所以革命的思潮常常激励着这些国家的国民。如果不进行社会革命,所谓幸福就只有少数几个资本家才能享受,大多数人却得不到生活的快乐和幸福。这篇演说辞给列宁留下了深刻的印象,他称赞其为"伟大的中国民主派的纲领""真正伟大的人民的真正伟大的思想"[1]。

---

[1] 列宁.列宁选集:第二卷[M].中共中央马克思恩格斯列宁斯大林著作编译局,译.北京:人民出版社,1972:423,424.

其次，资本对劳动的压榨违背了"劳工神圣"的观念。

1840年鸦片战争后，中国知识分子掀起的历次变革和革命运动，都有一个典型的特征，那就是底层劳动者的沉默。底层劳动者往往被认为愚昧无知。在太平天国运动中，落魄知识分子利用宗教发动底层农民从下至上掀起波澜，席卷大半个中国，但其付诸实施的变革社会的理念是落后的。"义和团"则一度沦为慈禧太后维护自身统治地位、保护大清江山的工具。直到一战结束，中国成为战胜国，中国的国际地位得到提高，整个社会，特别是知识分子，开始严肃而认真地关心和思考普通的底层劳动者。这是因为，参与一战的中国人不是正规军，而是付出巨大牺牲的普通劳工。1918年11月16日，在庆祝第一次世界大战胜利的民众大会上，蔡元培发表了题为《劳工神圣》的著名演讲。他指出："此后的世界，全是劳工的世界！"他这里说的"劳工"，是指用劳力——不管是体力还是脑力创造价值的人，农民、商人、教师、职员都是劳工。"劳工神圣"的口号把从劳动从谋生手段的层次提到社会存在和发展的层次，既改变了中国传统的劳动观念，又暗含对懒惰、不劳而获的行为和制度的批判，让一些中国人隐约找到了变革中国社会的中坚力量。后来，由于"五四运动"的爆发和马克思主义的传播，"劳工神圣"问题被逐渐聚焦在劳动工人及其生活状况之上，尊重劳动者的成果、批判资本家的剥削成为马克思主义者和社会主义者关注的焦点。

第三，资本生产的残酷性违背了民生和人道理念。

在中国进行民主革命时期，摆脱资本主义发展陷阱可以说是一种世界潮流。1895年，孙中山旅居欧洲时发现，反抗资本剥削的罢工潮此起彼伏，这也是他提出"节制资本""平均地权"的民生主义的重要原因。19世纪末20世纪初，资本主义生产方式的内在弊病在中国也突出地显露出来。一战期间，西方列强忙于欧战，无暇东顾，为中国民族工业的迅猛发展提供了大好机会，中国产业工人的数量也急剧增长，达到200多万人。随着"劳工神圣"的提出和马克思主义的传播，许多研究者直接走进工厂，调查资本主义生产和工人生活的状况，资本主义生产方式的残酷性被揭露出来。

以李季为例：李季是早期广东共产主义小组的重要成员之一，也是著名翻译家。他翻译的柯卡普[①]的著作《社会主义史》，是毛泽东阅读后确立马克思主义信仰最重要的三本书之一。1920年，为了解产业工人的实际生活状况，李季受聘于中兴公司。在枣庄的煤矿，李季有意识地下到矿井，见证了中国矿工身处水深火热的困苦险境。他看到，在中兴公司矿洞中，工人的生存状况还不如牲口。骡子栖息于空气较为流通的大矿道中，每日做工8个

---

① 柯卡普（Thomas Kirkup，原译克卡扑、克卡朴等，1844—1912），英国著名社会主义者，《社会主义史》是他的代表作。

小时，经过5年就要死去。它的寿年竟缩短三分之一或一半。而工人的工作时间比骡子多三分之一至三倍。一些工人面色苍白，肢体枯瘦，咳嗽不停，大多一副不久于人世的模样。而频繁发生的矿难则使这里变成了一座"活地狱"。然而，建立在矿工血汗与生命的基础上的矿井老板的资本成倍激增。中兴公司原先资本不过380万元，短短5年内竟获得1000万元的剩余价值。通过这些调查，李季发现，不仅"天下乌鸦一般黑"，而且天下资本也"一般黑"。与西方的资本剥削相比，中国的资本剥削可以说"有过之而无不及"。他在自传里写道：

> 柯尔（Cole）所说的"每天逢着巨富与赤贫，高红利与低工银这些可耻的对照"，本是指产业发达的英国讲的，不图已经表演于产业不发达的中国。既是这样，中国没有资本家或资产阶级的话语实际情形只能相符合么？①

经过实际调研和亲身体验，先进知识分子认识到，中国已经受到封建主义和帝国主义的双重压迫。资本主义剥削制度不能学，否则将成为中国人民的不能承受之重。

如上所述，帝国主义侵略步步紧逼，中国政府步步退

---

① 李季.我的生平[M].上海：亚东图书馆，1932：222-223.

让，中国社会也在半殖民地半封建的泥潭中越陷越深，泱泱中华面临的亡国灭种危机日益深重。救亡图存是中国社会最紧要的课题，实现现代化则是中国最重要的目标。为此，凡是西方的东西，先进中国人能学尽学，甚至达到了"病急乱投医"的地步。但结果是，洋务派"师夷制夷"的方案，最终因甲午战争的惨败而落空；农民阶级轰轰烈烈的太平天国运动，最终被中外反动势力联合绞杀；"戊戌六君子"在菜市口被杀害，仿照日本的"戊戌变法"梦想被击碎；袁世凯将"中华民国"改为"中华帝国"的复辟帝制行径，则使中国人建立资产阶级共和国的希望破灭，与之相对应的议会制道路、多党制道路、总统制道路都归于失败。

总之，鸦片战争以来西方列强的对华侵略史和中国人民抗争探索史表明，资本主义的殖民主义和对外扩张政策不可能让中国走向独立自主、和平发展资本主义的道路（"先生"：不让学），一战后对西方文化的反思则使中国人打破了"以西为师"的幻想（"学生"：不愿学），而资本主义剥削制度进一步加深人民苦难，其发展的可能性则不被日趋严重的救亡形势允许（客观形势：不能学）。所以，当历史的车轮走到20世纪20年代，对先进中国人来说，与其临渊羡"资本主义"之"鱼"，不如退而结"社会主义"之"网"。

第二节　选择马克思，选择共产党

社会主义为什么成思潮？

近代以来，面对西方列强的不断入侵，中国人的民族国家意识不断觉醒，进步观念不断增强，仁人志士的天道观念、天下情怀和大同理想转化为对国家富强、民族独立、人民幸福的不懈探求。随着资本主义性质的各种尝试陆续遭遇失败，作为一种以平等为人性基础、以批判和超越资本主义为进路、以人的普遍幸福为价值目标的社会思潮，社会主义在近代中国的广泛传播无疑是"顺天应人"的。

第一次鸦片战争后，一些出使欧美或日本的外交人员在旅行日记中提到了国际工人运动和无政府主义活动的情况，其中零星涉及社会主义。但在当时传统守旧的封建士大夫眼光里，共产主义者、无政府主义者以及各类社会主义者，都不过是"乱贼"或"乱党"，其活动也不过是"叛乱"或"暴行"。19世纪末20世纪初，社会主义才作为一种思潮在中国逐渐传播开来。1899年，林乐知等人在上海《万国公报》刊登了英国传教士李提摩

第二章 千年变局知兴替：社会主义与中国救亡

太[①]等人合写的《大同学》，文中指出："试稽近代学派，有讲求安民新学之一家，如德国之马克偲，主于资本者也。""安民新学"实质上就是社会主义，"主于资本"指的是马克思的《资本论》。1900年至1901年，赴日中国留学生在日本东京创办了《译书汇编》，连载日本学者有贺长雄所著的《近世政治史·德意志》，简要介绍了马克思流亡伦敦、组织工人运动的状况，指出"为佣工者，往往受资本家之压制，遂有倡均贫富、制恒产之说者，谓之社会主义"，并描述了社会主义的特征。1903年2月，上海广智书局出版的《近世社会主义》指出："马陆科斯（马克思——笔者注）之《资本论》为一代之大著述，为新社会主义者发明无二之真理，为研究服膺之经典。"1904年，在《新民丛报》的《中国之社会主义》一文中，梁启超批判了资本主义的私有制和剥削制，分析了社会主义公有制和劳动价值论："社会主义者，近百年来世界之特产物也。概括其最要之义，不过曰土地归公，资本归公，专以劳力为百物价值之源泉。麦喀士（马克思——笔者注）曰：现今之经济社会，实少数人掠夺多数人之土地而组成之者也。"[②]1912年10月，孙中山在上海发

---

① 李提摩太（Timothy Richard，1845—1919），字菩岳，英国传教士。1870年来到中国，曾在山东、山西等地传教。他翻译的书籍，以西方文化吸引中国先进知识分子和社会上层人士，对"戊戌变法"有很大影响。
② 梁启超.中国之社会主义［N］.新民丛报，1904-02-14.

表题为《社会主义之派别及批评》的演讲，盛赞马克思学说深刻系统，深得社会主义"真髓"："厥后有德国麦克司（马克思——笔者注）者出，苦心孤诣研究资本问题垂三十年之久，著为《资本论》一书，发阐真理不遗余力，而无条理之学说遂成为有统系之学理，研究社会主义者咸知所本，不复专迎合一般粗浅激烈之言论矣。"①

值得注意的是，20世纪初，社会主义不过是西方传入中国的诸多思潮中的一种，其影响力较为有限。西方传入中国的思潮还有无政府主义、自由主义、实用主义、社会达尔文主义等。这些思潮与中国本土的各类思潮相互交织，相互竞争，中国呈现一种"天下为学说裂"的局面。第一次世界大战，特别是"十月革命"后，社会主义才一路披荆斩棘，成为当时风靡世界的社会思潮。在欧洲，工人运动风起云涌；在亚洲，民主民族革命如火如荼；在中国，走超越资本主义的道路逐渐成为知识分子的普遍共识。一时间，社会主义在中国的传播更加迅猛。各种各样的思潮纷纷与社会主义结合，形成了民生社会主义、民主社会主义、工团社会主义、基督教社会主义、佛教社会主义等。国民党早期的一些领导人甚至也在某种程度上倡导社会主义，如孙中山、邓演达、戴季陶等。

孙中山提出了民生社会主义。孙中山早年对西方的政

---

① 黄彦.孙中山著作丛书：论民生主义与社会主义[M].广州：广东人民出版社，2008：115.

治、经济和社会生活进行过全面而深入的考察，对西方社会的贫富差距和社会主义运动的状况感触颇深。为避免西方资本主义社会的各种弊病在中国出现，他提出了"民生主义"作为解决问题的方案。和民权主义的民族革命、民主主义的政治革命不同，民生主义是"不愿少数富人专利"的社会革命，在经济原则上要求"节制资本""平均地权"。在孙中山看来，民生主义是三民主义不可或缺的重要组成部分，它在思想实质上与中国古代的大同主义、现代的社会主义和共产主义是相通的。后来，三民主义被进一步贯彻为"联俄、联共、辅助农工"的三大政策，在很大程度上是以孙中山的民生社会主义为思想铺垫的。

国民党左派著名代表人物、中国农工民主党的创始人邓演达，主张一种"平民社会主义"。通过对近代中国的社会性质和主要矛盾的分析，以及对当时中国社会形势的判断，他认为中国革命的前途是社会主义，而不是资本主义。因此，他主张组织和发动广大平民阶级进行革命，推翻官僚、军阀和封建势力，建立以工农为中心的平民政权。这一思想在当时是很有进步意义的。

国民党另外一位元老戴季陶，是中国较早的社会主义和马克思主义研究者之一。他也看到了西方存在的社会问题："贵压贱，富欺贫，骄奢者自淫乐，劳动者自穷苦，社会之不平已若是，国家之安宁乌能得乎？"他认为，解决这些问题的方法是"社会主义"：既要提倡和发展实业经济，又要保护劳工的利益。当然，保障劳工的权益的关键不在于掀起政治罢工和革命运动，而在于团结劳动者并改善他们的生活状况。

19世纪20年代，戴季陶也是马克思主义的推崇者，《共产党宣言》第一个中文全译本的问世与他密切相关。"五四运动"后，马克思主义在中国广泛传播，《新青年》等杂志曾大量引用《宣言》里的名句，但中国一直没有该书的完整中译本。将《宣言》全部译成中文成为当时许多走在时代前列的知识分子的迫切愿望，戴季陶便是其中之一。早在流亡日本期间，戴季陶已经熟读日文版的《宣言》并尝试翻译，但苦于外语水平欠佳，只好暂时搁置。1920年，担任《星期评论》主编的戴季陶，再次萌生了全译《宣言》的想法。经过邵力子的推荐，戴季陶找到陈望道，并送给他一本日文版《宣言》。同年，陈望道回到家乡义乌水塘村，经过两个月孜孜不倦的辛劳，译出了《宣言》的中文全译本。

中国知识分子最初接受的社会主义并非科学社会主义，而是一种温和的、改良的、空想的社会主义。由于国家饱受战乱之苦，且对马克思列宁主义了解不深，他们甚至认为俄国"十月革命"的武装革命方式不适合中国。不仅国民党左派如此，早期的马克思主义者也是如此。例如：陈独秀、李大钊等人在泛劳动主义、互助论的影响下，倡导建立"本互助精神，实行半工半读"的工读互助团，试图通过点滴改良逐步建立"各尽所能、各取所需"的理想社会。毛泽东一开始接受的是克鲁鲍特金的无政府主义和温和改良办法。他认为，强权者也是人，也是我们的同类，用强权打倒强权，得到的仍然是强权。所以，应当用劝善教导的方式联合贵族与资本家，实行"无血革命"而非"有血革命"，"呼声革命"而非"炸弹革命"。在《湘江评论》中，毛泽东甚至计议去岳麓山搞新村建设，建立新家庭、新学校、新社会合为一体的理想新村。但是，这些局部的、温和的、改良式的社会主义设想或实验，不到一年就很快失败了。许多知识分子认识到，如果不进行一场整体的彻底的革命，中国社会的贫弱腐败局面就不会得到真正改变。随着马克思主义的进一步传播，中国先进知识分子开始接受以阶级斗争和武装革命为手段的科学社会主义。1920年，苏维埃政权公开通告中国政府，宣布放弃俄国在华特权，与列强在巴黎和会的做法形成鲜明对比，显示出社会主义的正义性，赢得了中国知识分子的普遍好感。同年3月，共产国际派遣维经斯基来到中国，他会晤了陈独秀、李大钊等先进知识分子，并向他们介绍了俄国"十月革命"的情况，从而让他们迅速而深刻地认识到列宁主义的武装革命理论和无产阶级专政理论对于改造社会的重大意义。1920年，毛泽东在理论上和行动上都成为一个马克思主义者。他在给好友蔡和森的信中指出，历史上的专制主义、帝国主义和军阀主义，不通过武装推翻是不会主动退场的，俄式革命是各种救国道路山穷水尽时不得不采取的办法。

为什么除社会主义之外的其他思潮在近代没有被采

纳呢？做事情要讲轻重缓急，革新社会、改变世界也需要讲轻重缓急。最紧要、最重要的事情应当先做，紧急而不重要的事情、重要而不紧急的事情后做，不重要且不紧急的事情最后做。以自由主义为例：自由主义崇尚个性自由和个人权利，将个人放在民族和国家之前。胡适就一再告诉青年人，要想救国必先救自己；要想争国家的自由和权利，就要先争个人的自由和权利。他甚至举例说，船载数人行至中游触礁，首先应当救的是个人而不是船。在民族危亡的关键时刻，这种想法显然与救亡图存的时代主题相隔膜，因而也很难得到国人，特别是青年学生的认同。与之相反，孙中山早年提倡自由、平等、博爱，但到了晚年他却反复强调，欧洲为个人争取自由的做法，不可用到个人身上去，而是要用到国家身上去。个人不可以太自由，而国家则需要得到完全自由。国家获得行动自由，中国便是强盛的国家。所以，毛泽东指出："……我对于绝对的自由主义，无政府的主义，以及德谟克拉西主义（民主主义——编者注），依我现在的看法，都只认为于理论上说得好听，事实上是做不到的。"[①]

可见，在中华民族积贫积弱、任人宰割的时期，对各种主义和思潮都进行过尝试。最终，中国人被迫放弃了资本主义，淘汰了自由主义、保守主义、无政府主义，以及

---

① 毛泽东.毛泽东书信选集［M］.北京：人民出版社，1983：8.

形形色色的空想社会主义，最终选择了科学社会主义。

马克思主义为什么扎下根？

从1899年上海《万国公报》提及马克思算起，马克思在中国已经扬名100多年。但最初，马克思并不是以纯粹思想者或哲学家的形象出现在中国人视域中的，人们对他的认识和理解始终与中国社会面临的时代问题密切相关。对身处半封建半殖民地社会的中国人民而言，马克思的思想在价值和情感上更容易被接受，因为他对资本主义的批判、对劳工力量的盛赞和对人类解放的追求，跨越时空地回应了中国社会存在的问题。对寻求救国救民道路的中国先进知识分子而言，马克思对人类社会普遍发展规律、资本主义社会内在矛盾和无产阶级革命道路的探索，则为人们亮起了一盏改造社会的思想明灯。

20世纪20年代，对中国先进知识子而言，要在科学社会主义理论上正本清源，就必须理解马克思主义，特别是理解马克思的生平、著作和思想。

首先，马克思是科学社会主义的鼻祖。

马克思被誉为科学社会主义的鼻祖，在于四个方面：其一，马克思率先将社会主义的哲学基础奠定在现代唯物主义之上，从现实的个人、物质生产活动、社会生产关系和交往关系的角度批判资本主义社会的非正义性。其二，马克思率先将社会主义的经济学基础奠定在政治经济学批判之上，特别是其资本逻辑理论和剩余价值学说深刻揭示了资产阶级社会的运行秘密和内在矛盾。其三，马克思将社会形态理论与社会结构理论融合在一起，将生产方式理论与阶级斗争理论融合为一体，指出无产阶级革命和无产阶级专政是资本主义生产方式内在矛盾的必然产物，资产阶级社会被社会主义社会和共产主义社会取代的历史必然性。其四，马克思阐述了关于扬弃私有制、消灭异化劳动、消灭片面分工等思想，提出了重建个人所有制，实现自由自觉劳动和自由分工，推动按劳分配、按需分配，实现人的自由全面发展等一系列社会主义和共产主义构想。

其次，马克思揭露了资本主义的弊病。

在《资本论》等著作中，马克思批判了19世纪上半叶资本增殖和积累过程中的贪婪和残酷，揭露了包括女工、童工在内的工人群体的悲惨境遇，指出了资本主义内在矛盾的不可克服性和资本主义被社会主义取代的必然性。在20世纪初的中国，国内外资本家联合起来压榨劳苦大众的残忍程度，与西方资本主义国家相比，有过之而无不及。马克思的理论作为"西方的反西方"，不仅为中国人提供了认识资本主义的思想武器，也增强了他们对马克思的情感认同。一些知识分子积极宣传马克思主义，并试图把自己的希冀和马克思的追求融合在一起。《马克思传》的作者李季指出，宣传马克思主义比为马克思立碑强得多，因为理论一旦掌握群众就能成为物质力量，"群众有了物质的武力，终有获得胜利的一日，无产阶级的群众一旦解放,则马克思便可以含笑于九泉"①。

第三,马克思思想理念与中国传统文化具有内在的契合性。

马克思哲学的唯物主义与中国人的现实主义,马克思哲学的实践原则与中国文化的知行合一,马克思哲学的辩证法与中国哲学的一分为二,马克思哲学关于人与自然的和解和中国道家的"天人合一"……均说明马克思与中国传统文化具有内在的契合性。1906年5月的《民报》第4号发表《欧美社会革命运动之种类及评论》,文章指出社会主义"此其学创自德儒卡玛 Karl merkx(此为马克思英文名 Marx 的误写——编者注)殷杰 Engel(恩格斯,其中'Engel'为'Engels'的误写——编者注)二氏。近乃风靡全欧"。以"德儒"称呼马克思,实际上是以儒家思想文化和精神寄托来定位马克思。1925年,郭沫若在《马克思进文庙》一文中讲述了马克思和孔夫子之间一场跨越时空的对话,表现了二者价值思想的一致性:(农历)十月十五日丁祭过后的第二天,孔子和颜回、子路、子贡三位在上海的文庙里吃冷猪头肉之时,马克思乘坐一乘朱红漆的四抬轿闯进庙来。孔子按照中国的礼数热情接待了这位脸如螃蟹、胡须满腮的西洋来客,双方就一些思想理念问题深入交换了意见。马克思认为,他心中的理想社会是万人要能和一人一样自由平等地发展他们的才能,人人都各能尽力做事而不望报酬,人人都各能得生活的保障而无饥

---

① 李季.马克思传[M].上海:神州国光社,1949:自序17.

寒的忧虑,这就是他所谓"各尽所能,各取所需"的共产社会。孔子指出,马克思的理想社会和他的大同世界不谋而合,于是把《大同》篇背诵了一遍……

正是这种在思想理念、思维方式、价值目标上的契合性,为马克思思想在中国传播奠定了基础。

第四,马克思兼具"战士"和"学者"的形象。

马克思的形象是"战士"和"学者"的统一:"马克思能做一个社会主义的战士,同时又能做一个学者,他能'怒发冲冠',即刻又能'雍容自若',这完全是由于他有一种非凡的禀赋……所以他一入社会的战场,即成为一个奋勇无匹的战士,一进研究室,即成为一个精思玄妙的学者。"[1]马克思的这种形象在某种意义上也有着儒家知识分子的色彩。为了传播和实现共产主义,马克思"抛弃世间一切幸福,著书立说,奔走运动,片刻不停,他的目的,全在于此。然他因此所受的痛苦是极多的,他这种'富贵不能淫,贫贱不能移,威武不能屈'的精神是空前未有的,也是后起的青年应当矜式的"[2]。马克思对于全世界无产阶级运动,"既是鞠躬尽瘁,死而后已,则凡属有觉悟的无产者以及完全表同情于无产阶级运动的知识分子,对于他自当具有无限的敬意,因而发为诗歌,形诸咏叹,这是人情中应有之事。"[3]对以马克思为代表的社会主义者大

---

[1] 李季.马克思传[M].上海:神州国光社,1949:自序11.
[2] 李季.马克思传[M].上海:神州国光社,1949:自序27.
[3] 李季.马克思传:下册[M].上海:神州国光社,1949:554.

无畏革命精神的赞扬，无疑体现了对仁人志士敢为天下先的革命精神的希冀。①

中国共产党为什么能崛起？

在近代社会，中国人民饱受帝国主义、封建主义和官僚资本主义"三座大山"的沉重压迫。它们不可能自动退出历史舞台。任何个人、组织或团体也不可能依靠和平改良和合法斗争的方式推翻"三座大山"。历史的选择表明，只有依靠强有力的政党组织和发动群众，通过武装斗争和暴力革命，才能完成民族独立和人民解放的使命。

自秦汉以降，中华民族在世界上率先建立了中央集权的文明制度。但是，中国社会地广人稀的生存环境和自给自足的小农经济形态，塑造了中华文明散而不分的特征。传统中国虽然建立了"大一统"的格局，但没有形成民众和社会高度组织化的现代国家。所以，在中国传统社会，上层政权直接面对的是广大的小农，底层的组织动员效率极其低下，整个社会处于"一盘散沙状态"。正所谓："上层是个铁钩子，底层是块软豆腐。"

从近代中国的救亡史来看，对于要不要组织底层群众，以及怎样组织底层群众，大致可以分为两种类型：一是有较为进步的理念，但不敢发动群众。1840年鸦片战争

---

① 董彪.马克思思想形象的中国构建[J].理论视野，2018（4）：75-80+100.

后，中国知识分子掀起的大多数变革运动都有一个典型的特征，那就是忽视或者蔑视底层的力量。普通老百姓没有近代的"国家"观念，只有传统的"家—国"观念。在他们看来，天下只是一人或一家之天下。汉代不过是刘家的天下，唐代不过是李家的天下，宋代不过是赵家的天下，明代不过是朱家的天下。而清代也无出其右，不过是爱新觉罗氏的天下，与普通老百姓并不相干。所以，当大清国遭遇列强侵略的时候，一些不明真相的普通老百姓不是奋起抵御外敌，而是成了"围观者"或"带路党"，甚至帮凶。这也就难怪当八国联军于1900年攻打北京城时，竟然出现北京的老百姓作壁上观，出来看热闹，为侵华联军带路，"热心"建议联军从下水道进城又快又安全，甚至为侵华联军攻打紫禁城安扶登城云梯的奇特景象。底层百姓之未被发动，即便辛亥革命也是如此。鲁迅的《药》讲述了一个故事：华老栓的儿子华小栓得了痨病。听说用蘸血馒头可以治病，华老栓花钱买了人血馒头，而这鲜血就来自被杀害的革命者夏瑜。这部小说，就是要揭示民众的麻木愚昧，讽刺辛亥革命未能贴近群众。二是敢发动群众，但没有科学的理念。比如：太平天国运动其将基督教的天国观念和中国传统社会的太平盛世理想杂糅结合，虽然吸引了底层的苦难农民，但因不能摆脱农民阶级的局限性和宗教神秘主义，最终在中外势力的联合绞杀中失败。中国共产党则与上述两种情况均不同。

　　1921年7月23日，中国共产党第一次全国代表大会在上海召开，标志着中国共产党正式成立①，社会主义在中国由社会思潮转为科学实践，中华民族的复兴伟业由此开启新的历史篇章。中国共产党在汲取历史教训的基础上，抓住"救亡图存"这一时代主题，把群众和全民族组织并发动起来，实了马克思主义普遍真理和中国的具体实际的结合，担负起了为中国人民谋幸福、为中华民族谋复兴、为世界人民谋大同的历史使命。

首先，以共产主义"凝神"。

共产主义最高理想是中国共产党人的精神之"钙"，也是其带领全国人民不断奋进的"压舱石"。共产党能够把民众组织起来，首先得把自身组织起来，而把自身组织起来，其关键得有一个共同的精神信念。这一共同信念就是共产主义，它是社会主义的终极目标指向。正因为如此，在中国社会产生了一种全新的关系——"同志"。传统社会的关系有"五伦"，包括"君臣、父子、兄弟、夫妇、朋友"。共产党人所说的"同志"和一些组织团体所讲的"兄弟"是不一样的。"同志"因信念志向聚合社会

---

① 1921年7月23日至8月初，中国共产党第一次全国代表大会（简称中共一大）在上海举行（中共一大的开幕日期是新中国成立以后根据档案材料查证清楚的，闭幕日期是8月1日或2日。在此以前，1941年6月30日，中共中央发表《关于中国共产党诞生20周年抗战4周年纪念指示》，规定7月1日是党的诞生纪念日。这是因为：在抗日战争时期，中共一大的开幕日期难以查证，中共中央就把7月的月首定为党的诞生纪念日）。

关系，而"兄弟"则是把陌生的社会关系"血缘化"。兄弟之间可能会因为利益而产生纠葛和冲突，正所谓"亲兄弟，明算账"，利益之争也可能导致"兄弟阋墙"。而"同志"则可以超越个体、部门之间的利益之争，而以整体利益和价值为最高目标。所以，"同志"既是一种全新的社会关系，更标识了一个共同体独有的政治伦理和精神指向。这才有了"砍头不要紧，只要主义真"的革命牺牲精神，才会形成一种气壮山河的力量。

其次，以民族主义精神"聚气"。

晚清以来各种或激进或保守，或改良或革命的思潮异彩纷呈，但其中有一条明显的主线，那就是民族主义。唤醒民族自觉，争取民族独立，实现民族复兴，是近代中国的重大历史任务。经过一战和十月革命，落后国家对内反对资本家剥削的工人运动和对外反对帝国主义压榨的民族独立运动结合在一起，使社会主义和民族主义产生了合流趋势。社会主义成为落后民族的思想武器，而落后民族则成为社会主义的物质武器。中国共产党能够赢得群众的支持，就在于抓住了这一发展趋势，准确把握了民族危亡的紧迫性，将民族利益落到实处。无论是土地革命战争时期的"打土豪，分田地"，还是抗战时期的"减租"；无论是解放战争时期的"土改"，还是新中国成立后建立的"各尽所能，按劳分配"的社会主义分配制度，都最大限度地保障工农大众和全民族的利益。另外，中国共产党倡导的民族主义精神，创造性地继承了中华传统思想文化的"天下"观念和"大同"理想，与世界社会主义运动和国际共产主义运动相衔接相呼应，是"为中华民族谋复兴""为世界人民谋大同"的结合。因而，它不是狭隘封闭的民族主义情感或意识形态，而是以世界历史作为时空定向、以国际主义和人类情怀作为价值定向的开放包容的民族主义。

民族主义精神是"喊"出来的。对于生活在同一地域的人们而言，在血缘和亲缘关系之外，面对陌生人时通过某种方式产生"你是我的同类"的认同感，是民族意识产生的前提。但超出一定地域范围，民族意识的产生就需要某种观念性力量来制造"类意识"。有学者指出，民族是一个想象的共同体。中国民族主义精神的诞生，在一定意义上就是思想先行者启蒙和呼唤的结果。如果说德意志民族精神的凝聚离不开大哲学家黑格尔、费希特的守护和呼喊，近代日本大和民族精神的勃发离不开福泽谕吉的开掘和思考，那么，中国也需要精英知识分子唤醒"在黑屋子中沉睡"的民众。据说，当拿破仑打到德国时，黑格尔抱着自己的书就跑，因为他认为只要自己的书在，德意志民族就有希望。费希特则撰写了脍炙人口的《告德意志民族书》，号召德意志全体人民团结起来，凝聚起来，为国家之存亡而奋斗。

中国共产党人在革命过程中，也日益认识到"启民智、聚民力、铸精神"的重要性，并自觉承担起唤醒全民族的重任。1916年8月，李大钊在《晨钟报》创刊号写下

《〈晨钟〉之使命——青春中华之创造》一文，以诗意的语言号召青年起来，为中华民族青春的再现而努力。

> 一日有一日之黎明，一椿（古同"期"字，世纪，一百年——编者注）有一椿之黎明，个人有个人之青春，国家有国家之青春。今者，白发之中华垂亡，青春之中华未孕，旧椿之黄昏已去，新椿之黎明将来。……吾人须知吾之国家若民族，所以扬其光华于二十椿之世界者，不在陈腐中华之不死，而在新荣中华之再生；青年所以贡其精诚于吾之国家若民族者，不在白发中华之保存，而在青春中华之创造。①

革命者方志敏在狱中写下《可爱的中国》，构想了打败帝国主义后民族复兴、国家强盛、人民幸福的图景。

> 中国在战斗之中一旦斩去了帝国主义的锁链，肃清自己阵线内的汉奸卖国贼，得到了自由与解放，这种创造力，将会无限的发挥出来。到那时，中国的面貌将会被我们改造一新。所有贫穷和灾荒，混乱和仇杀，饥饿和寒冷，疾病和瘟疫，迷信和愚昧，以及那慢性的杀灭中国民族的鸦片毒物，这些等等

---

① 李大钊.李大钊全集：第一卷[M].北京：人民出版社，2013：328-329.

第二章 千年变局知兴替：社会主义与中国救亡

都是帝国主义带给我们可憎的赠品，将来也要随着帝国主义的赶走而离去中国了。朋友，我相信，到那时，到处都是活跃跃的创造，到处都是日新月异的进步，欢歌将代替了悲叹，笑脸将代替了哭脸，富裕将代替了贫穷，康健将代替了疾苦，智慧将代替了愚昧，友爱将代替了仇杀，生之快乐将代替了死之悲哀，明媚的花园，将代替了凄凉的荒地！这时，我们民族就可以无愧色地立在人类的面前，而生育我们的母亲，也会最美丽地装饰起来，与世界上各位母亲平等的携手了。①

"民族主义"精神是"打"出来的。一个人，要真正认识自己，仅仅靠沉浸于自我的主观世界是不行的，他必须跟其他人打交道，才能确定在社会关系网络中的位置和角色。一个民族，要真正认识自己，也需要通过与其他民族打交道的方式来找准自己的位置。中华民族的民族意识和民族精神，既是中国5000多年历史文化发展的深厚积淀，更是近代百年来中国人民反抗帝国主义侵略及其民族压迫的结晶。鸦片战争后是中国民族主义的萌发时期，表现为以地主阶级开明知识分子和资产阶级知识分子为代表的上层精英的觉醒。第一次世界大战后，特别是五四运

---

① 方志敏.方志敏全集[M].北京：人民出版社，2012：138.

动前后,是中国人民争取民族自决的时期,表现为广大工人、学生和知识分子的觉醒。抗日战争期间是中国争取民族独立的关键时期,表现为在中国共产党领导下,中国社会各阶级、各阶层、各民族空前团结,实现了全民族觉醒。抗战的胜利,洗刷了中华民族的耻辱,增强了中国人民的民族自尊心和自信心,是中华民族由衰到盛的转折。

第三,以无产阶级政党为先锋队组织。

民族主义固然能以"想象共同体"的方式凝聚彼此陌生、一盘散沙的民众,但其本身具有来自内外的反噬。在内部,理论上的中华民族主义在实践上表现为汉民族主义和边疆少数民族的冲突,民族主义的呼吁往往可能带来统一帝国的肢解。在外部,中国的民族主义在面对世界秩序时只能将中国还原为某种特殊性存在,但不能获得普遍性意义。[1]因此,单纯的民族主义叙事不能直接激发团结统一的力量,必须有一支强大的政治力量作为支撑,这支力量就是政党。近代中国的政治运动的重大变化,就是实现了从帝王政治向政党政治的转变。资产阶级早期改革者,如康有为,曾寄望于作为"儒主"的皇帝的"公心",这自然不能成功。而直到孙中山等人找到革命政党这一武器,才算初步找到民主民族革命的抓手。

只有建立一支马克思列宁主义的无产阶级政党,并

---

[1] 施展.枢纽:3000年的中国[M].桂林:广西师范大学出版社,2019:29.

第二章　千年变局知兴替：社会主义与中国救亡

通过这一政党组织和训练农民、工人和劳苦大众，才能推动新民主主义革命和社会主义革命，从而从最底层改造中国，改变中国人的命运。1921年，李大钊发表《团体训练与革新的事业》一文，指出中国最紧要的是依靠团体训练，将广大民众有效地组织起来，由此就需要成立一个"强固精密"的政党，它"不是政客组织的政党，也不是中产阶级的民主党，乃是平民的劳动家的政党，即是社会主义团体"[①]。中国共产党之所以能够领导人民取得革命的胜利，就在于正确分析了不同历史阶段的中国社会面临的主要矛盾，用阶级革命贯穿中国革命的始终，通过工人阶级的民主革命改造并提升了中国人民的民族革命，激活了中华民族共同体意识。因为在阶级话语中，民族不再仅仅是基于一定语言、地域、习俗的文化民族，更是基于某种阶级地位和阶级利益的政治民族。换言之，民族之间的差异，无论是中国境内汉族和少数民族的差异，还是对外中华民族与其他民族的差异，在阶级视域下都可以被划为无产阶级与有产阶级的差异。这样，中国共产党才形成了强大的组织力、动员力和号召力，对内把全国无产者联合起来，对外又与全世界无产者遥相呼应。

第四，以武装斗争和统一战线作为路径。

马克思曾指出，理论只要掌握群众就能成为物质力

---

① 李大钊.李大钊全集：第三卷[M].北京：人民出版社，2013：350.

量。十月革命一声炮响,给中国送来了马克思列宁主义。这里涉及科学的理论被谁接受、被谁运用以及如何被运用的问题。中国共产党把马克思主义普遍真理和中国具体实际结合,就是运用马克思主义的基本立场、观点、方法,准确分析中国社会的根本性质、主要矛盾、发展阶段,以及中国革命的对象、动力、形势、战略等基本问题,把批判的武器变成武器的批判,用革命实践推动中国社会性质变革的过程。近代中国面临的基本情况是:"三座大山"不可能自动退出历史舞台,中国人也不可能通过和平、温和、合法的斗争方式使之退出历史舞台。这就涉及斗争的战略和策略问题。

马克思指出,批判的武器不能代替武器的批判,物质的力量必须用物质的力量来摧毁。建设无产阶级的武装力量,是马克思主义军事科学的重要组成部分。毛泽东在《战争和战略问题》中认为,中国在内部没有民主制度,而受封建制度压迫;在外部没有民族独立,而受帝国主义压迫。所以,要真正实现救亡图存,全面彻底地推翻帝国主义、封建主义、官僚资本主义在中国的统治,就必须进行一场以新民主主义和社会主义定向的暴风骤雨式的社会革命,以武装的革命反对武装的反革命。从具体策略上看,就是要利用中国内外的政治经济不平衡性,以武装割据的方式,走农村包围城市的道路,最终夺取全国政权。在血雨腥风的斗争中,中国共产党深刻领悟到了"枪杆子里面出政权"的道理,建立了听党指挥、组织严密、纪律严明的人民军队,"军叫工农革命,旗号镰刀斧头"[1],与旧军阀仅为保存和扩大自身的地盘、利益和实力完全不同。在中国共产党与人民军队的有机结合中,党是领导力量,军队则是组织严密、纪律严明、绝对服务于政党使命和信念的组织,构成了中国革命的坚强柱石。

对中国革命而言,要战胜穷凶极恶的强大敌人,必须团结一切可以团结的阶级、阶层、政党和集团共同奋斗。为此,中国共产党根据国际国内政治经济形势的变化和革命发展的需要,科学处理纯洁性与广泛性、阶级性与民族性的关系,不断提升马克思主义政党的凝聚力、组织力和动员力,实现了人心向背和力量对比皆利于我的转变。党在不同时期制定的国共统一战线、工农统一战线、人民民主统一战线政策,既分化弱化了敌人,又团结联合了最广泛的力量,最终使"一盘散沙"的中华民族变成了"钢铁长城"。

正是以共产主义"凝神",以民族主义精神"聚气",以无产阶级政党为先锋队组织,以武装斗争和统一战线作为路径,中国共产党成功地将科学社会主义的一般原理和中国具体实际结合起来,将中国人民真正组织和团结起来,使全民族实现了由"一盘散沙"到"钢铁长城"的转变,从而为中国革命航船找准了方向,提供了动力,为解决中国革命中最紧急、最重要的问题奠定了基础。

---

[1] 中共中央文献研究室.毛泽东年谱(一八九三——一九四九):上卷[M].修订本.北京:中央文献出版社,2013:220.

第三节 中国传统文化的社会主义基因

学术界一般认为,世界社会主义思潮最早起源于西欧,《乌托邦》的作者托马斯·莫尔是空想社会主义的鼻祖。如果将文明探索的视域扩展到全球,特别是东方,我们就会发现,社会主义不是西方的"独家专利",而是人类文明的普遍价值追求。正如列宁所说:

> 每个民族文化,都有一些民主主义的和社会主义的即使是不发达的文化成分,因为每个民族都有被剥削劳动群众,他们的生活条件必然会产生民主主义的和社会主义的意识形态。①

2018年5月4日,习近平总书记在纪念马克思诞辰200周年大会上的讲话中指出,帝国主义的野蛮侵略和中国人民的深重苦难引起了马克思高度关注。②第二次鸦片

---

① 列宁.列宁选集:第二卷[M].中共中央马克思恩格斯列宁斯大林著作编译局,译.北京:人民出版社,1995:336.
② 习近平.在纪念马克思诞辰200周年大会上的讲话[EB/OL].(2018-05-04)[2020-10-20]. http://www.gov.cn/xinwen/2018-05/04/content_5288061.htm.

第二章　千年变局知兴替：社会主义与中国救亡

战争期间，马克思撰写了十几篇关于中国的通讯稿，向世界揭露西方列强侵略中国的真相，为中国人民伸张正义。马克思和恩格斯高度肯定中华文明对人类文明进步的贡献，科学预见了"中国社会主义"的出现，甚至为他们心中的新中国取了一个靓丽的名字——"中华共和国"。

> 最后，再谈一件由著名的德国传教士郭士立从中国带回来的有代表性的新鲜奇闻。这个国家的缓慢地但不断地增加的过剩人口，早已使它的社会状况变得为这个民族的大多数人难以忍受。后来英国人来了，夺得了在五个口岸自由通商的权利。成千上万的英美船只开往中国；这个国家很快就为英国和美国用机器生产的廉价工业品所充斥。以手工劳动为基础的中国工业经不住机器的竞争。牢固的中华帝国遭受了社会危机。不再有税金收入，国家濒于破产，大批居民落得一贫如洗，这些居民起而闹事，迁怒于皇帝的官吏和佛教僧侣，打击并杀戮他们。这个国家现在已经接近灭亡，已经面临着一场大规模革命的威胁，但是更糟糕的是，在造反的平民当中有人指出了一部分人贫穷和另一部分人富有的现象，要求重新分配财产，甚至要求完全消灭私有制，而且至今还在要求。当郭士立先生离开20年之后又回到文明人和欧洲人中间来的时候，他听到人们在谈论社会主义，于是就问：这是什么意思？

别人向他解释以后,他便惊叫起来:"这么说来,我岂不是到哪儿也躲不开这个害人的学说了吗?这正是中国许多暴民近来所宣传的那一套啊!"

当然,中国社会主义之于欧洲社会主义,也许就像中国哲学与黑格尔哲学一样。但是有一个事实毕竟是令人欣慰的,即世界上最古老最巩固的帝国八年来被英国资产者的印花布带到了一场必将对文明产生极其重要结果的社会变革的前夕。当我们欧洲的反动分子不久的将来在亚洲逃难,到达万里长城,到达最反动最保守的堡垒的大门的时候,他们说不定就会看见上面写着:**中华共和国——自由,平等,博爱。**①

这段引文可以说明两点。其一,19世纪中叶的古老中国就存在某种追求社会主义的实践。早在19世纪中叶,科学社会主义的创立者马克思就发现了"中国的社会主义"。在马克思看来,鸦片战争后,在英美资本主义的冲击下,中国人民(太平天国)走上了要求"重新分配财产,甚至要求完全消灭私有制"的革命道路。这种观点与20年后欧洲流行的社会主义观点相契合,让西方人震惊不已。这说明,"社会主义"并非西欧"专利",中国古代文

---

① 马克思,恩格斯.马克思恩格斯全集:第十卷[M].中共中央马克思恩格斯列宁斯大林著作编译局,译.北京:人民出版社,1998:276-278.

化中也有"社会主义基因"。其二，中国的社会主义虽然具有空想性质，但是它可能成为中国历史发展的方向。毫无疑问，19世纪中叶所谓"中国的社会主义"具有一定的空想性，但是资本主义列强的侵略将会为中国带来一场革命性变革，它将使中国迎来民族的独立和国家的发展，使古老帝国变成"中华共和国"。

那么，中华传统文化中有哪些思想有着深厚的"社会主义基因"呢？

求大同

论及中国古代的"社会主义"，就不能不提及成书于西汉的《礼记》。这是战国至秦汉儒家学者托名孔子答问的著作，《礼运》是其中的一篇。《礼运·大同篇》中的大同思想对历代政治家和改革家产生了深远的影响。

> 大道之行也，天下为公，选贤与能，讲信修睦。故人不独亲其亲，不独子其子，使老有所终，壮有所用，又有所长，矜、寡、孤、独、废疾者皆有所养，男有分，女有归。货恶其弃于地也，不必藏于己；力恶其不出于身也，不必为己。是故谋闭而不兴，盗窃乱贼而不作，故外户而不闭，是谓大同。[1]

---

[1] 戴圣.礼记·礼运第九[M]//李学勤.礼记正义：上中下[C]//《十三经注疏》整理委员会.十三经注疏.北京：北京大学出版社，1999：658-659.

在大同社会，天下是天下人的天下，消灭了剥削，消灭了压迫，消灭了种种社会弊端，百姓得到了真正的幸福。

《史记》是以"天下为公"为理念的史学著作。《史记》成为二十四史之首，被鲁迅称为"史家之绝唱，无韵之《离骚》"，就在于它阐述了"天下为公"的道理。汉代发展到汉武帝时期，政治上推行推恩令加强中央集权，军事上击溃匈奴、开拓西域、征服朝鲜，思想文化上实行"罢黜百家，独尊儒术"……这一系列举措使君主专制权力达到了顶峰，导致了"天下乃一人之天下"而非"天下乃天下人之天下"的危险局面。那么，如何限制君权，改变"系天下于一人"的局面呢？其中一个办法就是历史评判，因而史官在其中发挥着十分重要的作用。司马迁在《太史公自序》中指出，他著史是要继承孔子的遗志："贬天子，退诸侯，讨大夫，以达王事。""讨大夫""退诸侯"就是要让大夫和诸侯以春秋为义，行正道。而"贬天子"，则意味着让天子明确，天下乃天下人之天下，自己的统治要接受历史的审判。所以，世家从吴太伯①世家开始，讲的是让国；列传从伯夷叔齐②讲起，

---

① 吴太伯，又称泰伯，吴国第一代君主，东吴文化的宗祖。姬姓，父亲为周部落首领古公亶父（周太公），兄弟三人，排行老大，两个弟弟分别是仲雍和季历。父亲传位于季历及其子姬昌（周文王），太伯和仲雍避让，迁居江东，建国勾吴。

② 伯夷和叔齐是商朝诸侯国孤竹国国君（简称孤竹君）的两位王子。相传，孤竹君遗命立三子叔齐（接下页）

讲的是让王位；本纪是从五帝讲起，讲的是让天下。司马迁虽遭遇最残酷的腐刑，亦要坚持写出《史记》，使之藏之名山，传之后人，就在于"天下为公"的价值担当。

重平等

自进入阶级社会之后，不平等的现象便存在于社会生活的各个领域，在引发社会问题的同时，也引起思想家们的思考，导致中国政治思想史上一脉相承的大同与均平理想。其一，教育平等。孔子之所以被评为"素王"，被冠以"大成至圣文宣王先师"之名，就在于他强调"有教无类"，把典籍开放给平民子弟，打破了贵族在知识和文化上的垄断，形成了没贵族身份但有文化的士人①阶层。其二，政治平等。中国传统文化强调："人人皆可为尧舜。""王侯将相宁有种乎。"一个政权如果没有让平民转变为精英的通道，大量不得志的人就可能与底层弱势力量"交叉感染"，成为政权稳固的负面因素。早在隋唐时期，我国开始实行科举制度，打破了"上品无寒门，下品无势族"的门阀制度，使"朝为田舍郎，暮登天子堂"这种阶层流动成为可能，许多精英被体制吸纳。科举制度不仅成

为君，但叔齐让位给伯夷，伯夷不受；叔齐尊天伦，不愿打乱社会规则，也未继位。

① 士人，古时指读书人，亦是中国古代文人知识分子的统称。他们是国家政治的参与者，又是中国传统文化的创造者和传承者，是中华文明所独有的一个精英社会群体。

为政权合法性的基础,而且成为促进阶层流动、疏导社会冲突的减压阀。其三,经济平等。在中国传统社会,追求的最重要的经济权利是土地权利。正所谓:"一亩地两头牛,老婆孩子热炕头。"中国的农民,只要有几分薄田能够勉强度日,就会安守家园。但是,如果大量农民被剥夺了土地这项最基本的生存资料,王朝离天下大乱就不远了。中国古代实行的是封建地主土地所有制,国家通过调节和限制农民对地主的人身依附关系,保证了地主经济的稳定。而地主经济的发展会相应带来商业的繁荣,中国的商人群体赚钱后一般不是把钱用来扩大再生产,而是用于放高利贷和购买土地,这样商品经济越是发达,土地兼并越是严重,失地少地农民就可能自发地成为现存统治秩序的挑战者。特别是遇自然灾害,自耕农变成衣食无着的流民,就会聚义起事。历经多次农民起义和朝代更迭,封建统治者都没有真正解决经济平等问题。到了新中国成立后实行土地革命、改革开放时期实行家庭联产承包责任制,这些问题才得到基本解决。

尚民本

早在夏商周时期,中国就形成"天视自我民视,天听自我民听"[①]的人文主义天道观。孔子主张"为政以德",

---

① 这句话出自《尚书》,是我国古代民本思想的经典表述。

反对"苛政"。孟子主张"民贵君轻""保民而王""制民之产"。荀子强调："君者，舟也；庶人者，水也。水则载舟，水则覆舟。"汉代贾谊极力提倡"民为国本"。汉代荀悦说："民存则社稷存，民亡则社稷亡。"这些都体现了民本理念。

值得一提的是，汉代董仲舒的"天人三策"构建了一种以"民本"理念为支撑的"天命—君主—百姓"的精致结构，为汉王朝的建立奠定了合法性基础。中国古代社会最重要的事情就是改朝换代，"改朝"需要道德天命的支撑，"换代"则需要血缘宗法关系的支撑。但是，秦朝灭亡后，刘邦夺得天下，改朝和换代的合法性问题遇到了极大的困难。因为汉高祖刘邦最初只是泗水亭的亭长（相当于现在乡镇派出所所长），没有高贵血统，更谈不上高尚的道德，只是一名普通的基层官员。成为皇帝后，他总得为自己荣登大宝找到合法性支撑。为解决天子地位的合法性问题，董仲舒创造了"天人三策"，以"天命—天子—天下"为题，指出帝王受命于天，为天子，天下人都应服从天子。但他同时指出，天子要以天下万民为重，否则就会受到惩罚。

> 天地之物，有不常之变者，谓之异，小者谓之灾。灾常先至，而异乃随之。灾者，天之谴也；异者，天之威也。谴之而不知，乃畏之以威。诗云：畏天之威。殆此谓也。凡灾异之本，尽生于国家之

> 失；国家之失乃始萌芽，而天出灾害以谴告之。谴告之而不知变，乃见怪异以惊骇之。惊骇之尚不知畏怖，其殃咎乃至，以此见天意之仁，而不欲陷人也。谨按：灾异异以见天意，天意有欲也，有不欲也，所欲所不欲者，人内以自省，宜有惩于心；外以观其事，宜有验于国。……①

在自然科学尚不发达的古代社会，天象变化也被作为判断民本理念是否落实的依据。灾异现象的出现往往被视为皇帝的执政存在问题，没有做到爱民如子，因而受到上天的谴责和惩罚。为此，皇帝必须反躬自省，甚至下"罪己诏"，使民本理念落到实处。

尊王道

"王道"思想是中国传统治国思想的"主文化"，是贯穿中国传统治国思想的"主线"。"王道"思想主张为政以德，仁政爱民，为国以礼，义立而王，反对以暴制暴、恃强凌弱、师出无名、胜之不武的霸道逻辑。

我们来看《淮南子》中的一段话：

> 国之所以存者，道德也。家之所以亡者，理塞

---

① 董仲舒.春秋繁露·必仁且智[C]//纪江红.中国十大帝王藏书：卷三.呼和浩特：内蒙古人民出版社，2002：78.

也。尧无百户之郭,舜无置锥之地,以有天下;禹无十人之众,汤无七里之分,以王诸侯。文王处岐周之间也,地方不过百里,而立为天子者,有王道也;夏桀、殷纣之盛也,人迹所至,舟车所通,莫不为郡县,然而身死人手,而为天下笑者,有亡形也。故圣人见化以观其征。德有盛衰,风先萌焉。故得王道者,虽小必大;有亡形者,虽成必败。夫夏之将亡,太史令终古先奔于商,三年而桀乃亡;殷之将败也,太史令向艺先归文王,期年而纣乃亡。故圣人见存亡之迹,成败之际也,非待鸣条之野,甲子之日也。今谓强者胜,则度地计众;富者利,则量粟称金。如此,则千乘之君无不霸王,万乘之国无破亡者矣。国之亡也,大不足恃;道之行也,小不可轻。由此观之,存在得道,而不在于大;亡在失道,而不在于小也。①

上述论述认为,尧、舜、禹、文王"得天下",不在于土地和人口,而在于有道德;而夏桀、商纣统治时期虽然国力强大,但国失其德,最终难以摆脱"亡天下"的命运。然而,当今有一种观点认为,只要力量强大就可以制胜,于是丈量本国的地域、计算本国的人口;认为只要富有,国事就顺利,所以热衷于计量储存的粮食、称量金

---

① 何宁.淮南子集释[M].北京:中华书局,1998:945-949.

银。如果真是这样的话，那么有千辆马车的君主无不可以称霸诸侯，有万辆马车的大国更是永远不会灭亡。一个国家将亡，再大也是靠不住的；如果道义畅行，国虽小也不容轻视。由此看来，国家得以存在，是因为有道，而不在于其大；国家灭亡，在于失道，而不在于其小。抛开时空差隔，《淮南子》里的这段话指出了以德立国、以德治国的重要性，批判了弱肉强食的丛林法则，阐明了恣行霸道、好战必亡的道理。

1924年，孙中山对西方的霸道文化和东方的王道文化做了对比。他在《大亚洲主义》的演讲中指出，就最近几百年文化而言，欧洲的物质文明极发达，远超东洋。从表面比较起来，欧洲自然好于亚洲，从根本上来看却不然。欧洲的文化是注重科学的功利文化，这种文化应用到人类社会，只见物质文明，只有飞机炸弹，只有洋枪大炮，只会武力逼迫。所以，欧洲的文化是行霸道的文化。而东洋的文化本质是仁义道德，用仁义道德来感化人，而不是压迫人；是要人怀德，而不是要人畏威。所以，亚洲的文化就是行王道的文化。据此，孙中山指出，世界文化发展的潮流，将是西方之功利强权的文化，服从东方之仁义道德的文化，是霸道要服从王道。这样，世界的文化将日趋光明。

在传统文化中，求大同、均贫富、重民本、行王道等思想，都蕴含着"社会主义基因"。同时也要看到，中国古代的"社会主义基因"带有封建的成分和乌托邦的成分，与建立在社会化大生产和无产阶级专政基础上的科学社会主义是有相当距离的。在对待中国传统文化时，既要注意到其中的"社会主义成分"，也要注意到其中的落后成分，做到取其精华，去其糟粕，真正做到中华优秀传统文化的创造性转换和创新性发展。

第三章

逆袭赶超辟蹊径：
社会主义与中国式现代化

中国从站起来到富起来、强起来的过程，即是实现现代化的过程。和英法美的先发内生型现代化不同，中国选择的是后发外生型现代化，并且走的是社会主义现代化道路。新中国成立70年，中国人民抒写了社会主义现代化建设的壮丽诗篇，毛泽东时代为中国的现代化创造了物质前提、政治基础、思想财富，邓小平时代则通过改革开放、市场经济全面开启了现代化建设道路。在新时代，中国蓄势待发，继续跑赢现代化的马拉松长跑，建设社会主义现代化强国。

第三章　逆袭赶超辟蹊径：社会主义与中国式现代化

第一节　现代化的路径：先发与后发

近现代中国，面临两大历史任务：一是国家独立，人民解放；二是国家富强，人民富裕。救亡图存，只是完成了第一大任务，而要巩固第一大任务的成果，进而完成第二大任务，就必须实行现代化战略。所以，现代化是中华民族的百年梦想，是中华民族伟大复兴的战略支撑。

> 近百年的中华民族根本只有一个问题，那就是：中国人能近代化吗？能赶上西洋人吗？能利用科学和机械吗？能废除我们家族和家乡观念而组织一个近代的民族国家吗？能的话我们民族的前途是光明的；不能的话，我们这个民族是没有前途的。[①]
>
> ——蒋廷黻

所谓现代化，简单地说，就是从传统的农业社会向现代的工业社会转变的过程。具体而言，现代化是资本主义产生以后，在科技革命、产业革命、社会革命、思想革

---

① 蒋廷黻.中国近代史[M].上海：上海古籍出版社，2006：10（前言部分）.

命的推动下，一些国家出现的从社会生产到社会生活、从社会结构到社会机制、从社会精神到社会文化的整体性转型。现代化是18世纪以来人类文明发展的总体趋势，它最早是由西方资产阶级开辟的。随着全球化的持续深化，全世界绝大多数国家和地区都或快或慢地被纳入现代化的世界图景之中。根据社会形态的不同，现代化可以分为资本主义现代化和社会主义现代化两种类型。根据发生时间、动力机制的不同，可以将"现代化"大致分为由西方资产阶级国家构成的"先发内生型现代化"（或先发引领型现代化），和由非西方国家构成的"后发外生型现代化"（或后发追赶型现代化）。

先发内生型现代化以英国、法国、美国为代表。这些国家的现代化发生的时间早（英国开始于18世纪中叶，法国和美国则开始于18世纪末），具有竞争压力小、资源足、空间大的条件。就世界范围内来看，英法美等先发资本主义国家处于世界的中心位置，当时世界大部分地区还处于尚未开化和开发的状态，这就为他们提供了广阔的资源和市场。因此，这些国家的现代化，主要是通过内部的新陈代谢实现的。以英国为例：在政治上，英国通过1688年"光荣革命"建立了君主立宪制，君主成为"统而不治"的虚君，而资产阶级获得了实际的政权。在经济上，英国通过圈地运动、殖民掠夺、海外贸易完成了资本积累。在技术上，英国以工场手工业的技术革新，特别是瓦特的改良蒸汽机推动了技术进步，促使了资本主义机器大工业的发展，极大地解放了生产力。在理论上，亚当·斯密的自由市场理论为英国发展现代市场经济奠定了理论基础。亚当·斯密主张："人人为自己，上帝为大家。"他认为，人们只需要从自身的利己本性出发参与经济活动，在市场的"无形的手"的作用下，不仅每个个体可以获得自身的利益，还能实现社会整体利益的最大化，而政府则不需要过多干涉经济活动，只要承担好"守夜人"职责。英国的现代化模式主要为：坚持私有制，坚持自由市场，以轻工业带动重工业。

后发外生型现代化，以德国和日本为代表。他们主要是受英法美的刺激而开展的，并在一定程度上延续了英法美的模式。德国和日本的现代化开始较晚（德国开始于19世纪70年代普鲁士统一各邦之后，日本开始于19世纪50年代的"黑船事件"之后），当时资本主义世界市场已经初步形成。因此他们的现代化面临着与先发内生型现代化国家的竞争。这些国家采取了不同于英法美的现代化道路。以德国为例：德国在实行工业化时，不再搞自由放任，而是实行关税保护政策。同时，德国充分运用国家和政府的引导力量，以重工业带动轻工业的方式推动发展。经过几十年的发展，德国从一个经济落后的国家，一跃成为先进的工业国。到19世纪末，德国赶超了英法两国，成为当时世界的第二大经济体。

社会主义现代化是后发外生型的现代化。马克思列宁主义的发展为落后国家选择现代化道路提供了理论支撑。

马克思认为，资本主义生产力发展阶段是不可逾越的，但资本主义社会是可以逾越的，如果能充分吸收资本主义的成果，避免其弊病，就可能跨越资本主义的卡夫丁峡谷，实现向社会主义和共产主义社会过渡。列宁也认为，社会主义可以首先产生于资本主义链条的薄弱环节。俄国无产阶级发动十月革命取得政权后，通过先建立社会主义生产关系和上层建筑，充分发挥国家的作用，找到了既可以利用资本主义成果又可以避免资本主义弊病的现代化道路。当然，在资本主义世界体系链条的薄弱环节诞生的社会主义国家，不可能自发循序实现现代化，而是必须在应对外国资本主义的限制和竞争的背景下推动现代化。社会主义现代化一开始就具有二重性：一方面要吸收资本主义在器物、技术等层面的先进成果，不断解放和发展本国的生产力；另一方面要避免资本主义制度的弊端，避免成为资本主义的附庸和被宰割对象，发挥社会主义制度的优越性和先进性。因此，社会主义国家的现代化道路，必然是既吸收别国成果又坚持独立自主，既尊重规律又追求跨越式发展的现代化道路。

苏联将德国现代化模式发挥到极致，实行了高度集中的计划经济模式。在计划经济模式下，国家就好像一个大的集团公司，各企业、各机构，包括集体农庄，都是公司的下属部门。中央政府是公司总部，负责下达生产指标，各下属部门则负责共同执行。这样，全国所有的人力、财力、物力等一切资源都被调动起来。这使苏联在相当短的时间里就取得了非常显著的成就。苏联的社会主义工业化始于1926年。到1940年，也就是14年时间，苏联完成了两个半五年计划。从1928年到1932年，第一个五年计划提前一年完成；从1933年到1937年，第二个五年计划也提前一年完成；第三个五年计划从1938年开始，但完成一半时，苏德战争就爆发了。第一个五年计划中平均每年增长率是19.2%，第二个五年计划中平均每年增长率是17%。到1940年，就是战争爆发前一年，苏联已经成为世界第二大经济体了，其国民生产总量仅次于美国，经济产值在世界总量中的比例从4%跃升到19%。这一系列数字都表明，社会主义工业化的发展速度是惊人的。但这种成就是怎么取得的？这就回到刚才说的问题上：现实中的社会主义是落后国家进行现代化建设、追赶先进国家的一种方式，这种方式最大的特点是计划经济，而计划经济的本质是国家全面介入、直接运作生产活动。不能忘记的是，在苏联取得如此巨大的成就的同时，西方正经历一场史无前例的经济大危机，这使得许多人认为社会主义成功了，资本主义失败了；而苏联在第二次世界大战中战胜德国，成为盟国最终取得胜利的中流砥柱，更显示了苏联模式的巨大优势。所以，社会主义作为一种推动现代化的社会制度，被很多发展中国家青睐。

鸦片战争后，中国就开启了近代化和现代化的历程。"五四"时期，中国报刊上经常出现有关"欧化"和"西化"的讨论,其实质就是现代化。当时的先进知识分子认为,中国要实现富国强兵的目的,就应该追逐欧风美雨,向西方现代国家学习。随着苏联经济建设取得重大成绩,中国人开始思索苏联现代化模式对中国的借鉴意义。20世纪30年代初,中国思想界对苏联关注的焦点是1918年至1920年的"战时共产主义"政策的危害,以及以新经济政策建立的苏联社会主义与马恩经典社会主义的区别。但从1932年开始,苏联第一个五年计划的完成对中国思想界造成了巨大冲击。因为蓬勃发展的苏联与当时处于资本主义经济危机中的英美国家形成鲜明对比。他们认识到,经济落后是造成中国积贫积弱、受人欺凌的根源,发展经济是救亡图存、独立自强的根本途径。于苇在《建设进程中之苏联的农业》中指出,苏联建设取得了辉煌的成果,与陷在经济恐慌的泥沼中、走到穷途末路的资本主义世界的衰落,形成强烈的对照。1937年,《新京日报》主笔方秋苇感叹说,在这战争与恐慌弥漫全世界,仅占全世界六分之一的苏联堪称黑暗巨涛中的一座照耀万里的灯塔。当时,许多学者包括一些自由主义学者(蒋廷黻、胡适、丁文江等)看到,苏联仅仅用了10年时间就完成了美国耗费63年(1869—1932)才能完成的现代化,由此对苏联的农业集体化、机械化十分青睐,赞成重工业优先发展的模式。一些人甚至从苏联工业化和农业集体化中看到了社会主义相对于资本主义的优越性。1936年,漆琪生指出,社会主义国家的计划经济取得圆满收效,证实了社会主义的经济体制之优越和资本主义经济体制的落后与腐朽。甚至在1934年1月,考古学家徐炳昶提到有人说:"俄国自改了共产,国势蒸蒸日上。就是对于强邻,也敢挺起腰板,说一声:你再来,我就同你拼!比我们中国的忍气吞声好多了!我们也改了共产,不就也好了吗?"由此可见,苏联社会主义现代化道路对当时中国的吸引力。①

然而,由于中国尚未完成独立和统一,中国社会尚处于一盘散沙状态,从晚清到民国期间,中国的现代化一直是零星的,没有形成系统化的内生力量,也不可能对西方的工业、金融和军事力量做出有力回应。19世纪末20世纪初,英、法、美、德、日等国家完成了第二次工业革命,实现了机械化和电气化(有些学者所说的第一次现代化)。而这一时期的中国,内忧外患,可以说基本错失了两次工业革命,错失了实现现代化的机遇。所以,晚清的现代化走得跟跟跄跄,民国时期的局部现代化则步履维艰,中国仍然是一个半殖民地半封建社会的农业国。到了1949年,中华人民共和国成立时,西方国家已经从第二次世界大战中逐渐恢复元气,开始了第三次科技革命。这时,中国要真正实现现代化,只能坚持马克思主义,走社会主义道路。中国的现代化进程之所以要和马克思主义、社会主义发生本质性联结,其根本在于"中国的现代化事

---

① 阎书钦.苏联经济建设成就对20世纪30年代中国的思想影响[J].中共党史研究,2019(1):50-61.

业必须经由一场彻底的社会革命来为之奠基,而这场社会革命历史地采取了新民主主义——社会主义的定向。"①

---

① 吴晓明.马克思主义中国化与新文明类型的可能性[J].哲学研究,2019(7):3-10.

第二节　新中国70年：现代化的壮丽诗篇

如前面所述，19世纪末至20世纪上半叶，中国长期缺乏现代化的条件，现代化建设收效甚微。1949年，中华人民共和国成立，中国共产党带领全国人民走上了社会主义道路，不仅为中国现代化提供了制度保障，更为中国现代化奠定了民意基础——祖国统一是近代以来中国的民心所向。中华人民共和国成立后前30年，社会主义在中国打下基础，中华民族以一个有尊严的形象屹立于世界民族之林。新时期最鲜明的特征是改革开放，最大的成就是开创和发展了中国特色社会主义，这是中国人民富起来的制度保障。新时代是中国强起来的时代，是中国日益走近世界舞台中央的时代，是中国进一步发展和完善中国特色社会主义的时代。70年来，中国共产党带领中国人民书写了社会主义现代化建设的壮丽诗篇。

前30年奠定基础

中华人民共和国的成立，结束了近代中国四分五裂的状态，为中国实现现代化奠定了制度保障，激发了中国人民建设国家的热情。美国人吉尔伯特·罗兹曼指出，1949

年成立的中央政府是一个适合于现代化的政府,这是因为:"(1)权力高度集中在中央;(2)省和地方政府完全听命于中央;(3)有一批富于献身精神的职业化行政官员,他们能以为民众谋利益的强有力的观念来激励朝野人士。中国人早就认识到并接受了许多现代政府的理想特性。"①

1954年,周恩来就明确提出,要把中国建成强大的社会主义现代化的工业国家。新中国成立以后,依靠中央政府的强大力量和全国人民的共同努力,中国完成了"一化三改造"②,逐渐建立了高度集中的计划经济体制,由此确立经典的社会主义和社会主义现代化模式。新中国成立后前30年,中国经济增长年均6%以上,集中力量建设了一批重大工程、大项目,建立了健全的工业体系,这也是后来中国推进改革开放的家底。特别需要指出的是,我们的国防工业的基础是在新中国成立后前30年奠定的。当时,许多成就都是一穷二白、白手起家创造出来的。以军事和国防现代化过程中的核潜艇研发为例:当时,赫鲁晓夫对毛泽东说,核潜艇太贵,技术太难,中国搞不了。毛泽东发出了"核潜艇,一万年也要搞出来"的豪言壮

---

① 吉尔伯特·罗兹曼.中国的现代化[M].国家社会科学基金"比较现代化"课题组,译.南京:江苏人民出版社,2014:404.
② "一化三改造"包括两个方面的内容:一是逐步实现社会主义工业化,这是总路线的主体;二是逐步实现对农业、手工业和资本主义工商业的社会主义改造。

语,而他对中国制造原子弹却断言:"搞一点原子弹,氢弹,洲际导弹,我看十年完全可能!"可见,研发核潜艇难度之大。从1958年开始,中国组建了一支人均年龄不到30岁的导弹核潜艇研发队伍。由于当时中国科技水平十分落后,又加上西方技术封锁和苏联援助中断,黄旭华等科学家不得不用算盘、计算尺等原始得不能再原始的工具计算数据,不得不大海捞针一般到报纸上去寻找相关资料。甚至从国外带回的"华盛顿号"核潜艇的儿童模型玩具,也成了他们研究参考的素材。这样艰苦卓绝地努力了十多年,中国海军第一艘核潜艇091型攻击核潜艇"长征1号"才于1970年12月26日下水,1974年8月1日开始服役,中国自此成为世界上第五个拥有核潜艇的国家。正是这一代人艰苦卓绝的奋斗,正是这一代人筚路蓝缕的探索,中国才打下了现代化的家底。

新中国成立初期采取了以苏为师的现代化道路。以俄为师,是中共领导新民主主义革命的特征之一。早在抗日战争时期,毛泽东指出:"十月革命帮助了全世界的也帮助了中国的先进分子,用无产阶级的宇宙观作为观察国家命运的工具,重新考虑自己的问题。走俄国人的路——这就是结论。"① 新中国成立以后,受国际环境、意识形态等因素影响,新生的人民政权选择了倒向社会主义阵营,向

---

① 毛泽东.毛泽东选集:第四卷[M].北京:人民出版社,1991:1471.

苏联学习的道路。"在经济建设方面,我们只得照抄苏联,特别是在重工业方面,几乎一切都抄苏联,自己的创造性很少。"①当然,与模仿并行的还有反思。在探索建立社会主义制度初期,毛泽东就意识到,斯大林模式不适合于中国,可以直接模仿的"现代化"模式并不存在。1953年,斯大林逝世,苏联模式的深层次弊端和问题暴露出来,这促使毛泽东考虑打破苏联教条的束缚,走符合中国具体实际的现代化道路。毛泽东指出:"我们应该从各方面考虑如何按照中国的情况办事,不要再像过去那样迷信了。其实,我们过去也不是完全迷信,有自己的独创。现在更要努力找到中国建设社会主义的具体道路。"②1956年4月,毛泽东在中共中央政治局扩大会议上作的题为《论十大关系》的讲话中指出:"最近苏联方面暴露了他们在建设社会主义过程中的一些缺点和错误,他们走过的弯路,你还想走?过去我们就是鉴于他们的经验教训,少走了一些弯路,现在当然更要引以为戒。"③这是从以学习外国经验为主到走自己的建设道路的开端。同年9月,中共八大召开,确定了社会主义初级阶段的主要矛盾,确立了走自己的现代化道路的初步结论。1958年,"大跃进"和"共产

---

① 毛泽东.毛泽东选集:第八卷[M].北京:人民出版社,1999:304-305.
② 吴冷西.忆毛主席[M].北京:新华出版社,1995:10.
③ 毛泽东.毛泽东文集:第七卷[M].北京:人民出版社,1999:23.

第三章 逆袭赶超辟蹊径：社会主义与中国式现代化

风"严重破坏了国民经济，扰乱了人民思想。为了帮助广大干部进一步了解马克思主义政治经济学，毛泽东建议学习斯大林的《苏联社会主义经济问题》《马恩列斯论共产主义》《苏联社会主义政治经济学教科书》，从理论上探索社会主义现代化的阶段性和实施方案问题。

> 社会主义这个阶段，又可能分为两个阶段，第一个阶段是不发达的社会主义，第二个阶段是比较发达的社会主义。后一阶段可能比前一阶段需要更长的时间。①
>
> ——毛泽东

新中国成立以后，我国在推进社会主义现代化方面进行了艰苦卓绝的探索，取得了举世瞩目的成就。在较长的时间里，我国曾采取计划经济体制，这在当时的中国也是新事物。历史地看，该体制在两方面取得了比较突出的成绩：一是集中力量建设了一批重大工程；二是在生产力和社会经济发展水平较低的情况下实现了基本社会福利的均等化，体现了社会主义的价值诉求。如果将共和国前10年（1949—1959）和国民党的"黄金十年"（1927—1937）进行对比，我们就会发现，前者比后者取得的成绩要大得多。虽经过多年战争破坏，从1949年到1952年，

---

① 毛泽东.毛泽东文集：第八卷[M].北京：人民出版社，1999：116.

我们用了三年时间就把经济恢复到了1936年的水平。

不过，新中国成立后最初30年的现代化建设总体上还是建立在高度集中的计划经济体制之上的，存在不少问题。那就是偏重在生产关系领域的革命，没有把大力发展社会生产力看作现代化建设的根本任务，犯了超越生产力发展阶段的错误。当时我们注重"一大"（基层组织如人民公社的规模越大越好）、"二公"（公有化的程度越高越好）、"三纯"（社会主义经济的成分越纯越好）。虽然当时也讲生产，但是讲的是"抓革命，促生产"，即：还是通过生产关系、阶级斗争等上层建筑革命的方式来组织生产。这无法让中国的巨大市场活力释放出来，也不能把潜藏在个体和家庭内部的创造力解放出来，从而阻碍了生产力的发展。充分意识到上述问题后，中国才有了1978年及其之后的思想解放、改革开放，以及计划经济体制向社会主义市场经济体制的转变。

新时期的改革开放智慧

> 所谓"社会主义社会"不是一种一成不变的东西，而应当和任何其他社会制度一样，把它看成是经常变化和改革的社会。①
>
> ——恩格斯

---

① 马克思，恩格斯.马克思恩格斯文集：第十卷［M］.中共中央马克思恩格斯列宁斯大林著作编译局，译.北京：人民出版社，2009：588.

第三章 逆袭赶超辟蹊径：社会主义与中国式现代化

2014年8月，由中共中央文献研究室和中共四川省委组织、指导，中央电视台等单位联合制作的历史题材电视剧《历史转折中的邓小平》搬上银幕。剧情从1976年毛泽东逝世后的第27天开始，直到1984年10月1日，邓小平在天安门城楼上检阅国庆三十五周年游行队伍结束。这8年，是中国处于历史转折的重要岁月。时隔4年之后的2018年，在改革开放40年之际，根据阿耐所著小说《大江东去》改编而制作的电视剧《大江大河》在东方卫视、北京电视台等频道播出，讲述了1978年到1992年，以宋运辉、雷东宝、杨巡为代表的先行者在变革浪潮中不断探索和突围的浮沉故事。这两部电视剧，把亿万电视观众的目光和思绪拉回到那个充满历史性焦虑和期待的时空之中，让他们同当时的政治家和普通老百姓一样，思考"中国向何处去？""社会主义道路往何处去？"等重大历史问题。

这是和平年代，但也是一个充满着风险与机遇、彷徨与期待、苦涩与甘甜、压抑与释放的和平年代。正因为目光如炬的观察、激荡风云的思索、纵横捭阖的擘画，才绘就了一幅幅壮丽的蓝图，中国才取得了辉煌的成绩。这些成就的取得，离不开中国共产党人的改革智慧，离不开中国人民的奋斗。

首先，解放思想，实事求是，推动理想主义向现实主义的转变。

实事求是，是马克思主义的思想基础，是无产阶级世界观的基础。"实事求是"一词，最早出自《汉书》："修学好古，实事求是。"1938年10月，毛泽东在中共扩大的六届六中全会上的政治报告中第一次使用了"实事求是"这个概念。1940年1月，毛泽东在《新民主主义论》中指出："科学的态度是'实事求是'。"1941年5月，毛泽东对"实事求是"作了科学阐释。"实事求是"由此成为一条马克思主义原则。中国历史表明，在任何时候，如果能够坚持实事求是，能够从中国的具体实际出发，革命、建设和改革的事业就能够取得成功，反之就会遭遇挫折。在改革开放新时期，中国共产党告别教条主义，远离乌托邦主义，亲近经验，走向现实，在实践中检验真理，在实事求是中坚持真理，推动了中国社会的"大转型"。1978年5月关于真理标准问题的讨论指出，真理的标准并非某个本本、某些语录，而是实践，并强调实践是检验真理的唯一标准。1978年12月，邓小平在十一届三中全会的主题报告中尖锐地指出："一个党，一个国家，一个民族，如果一切从本本出发，思想僵化，迷信盛行，那它就不能前进，它的生机就停止了，就要亡党亡国。"[1]这对突破"两个凡是"[2]的教条主义束缚，使整个党、整个国家、整个民

---

[1] 邓小平.邓小平文选：第二卷[M].北京：人民出版社，1994：143.
[2] "两个凡是"，即"凡是毛主席做出的决策，我们都坚决维护；凡是毛主席的指示，我们都始终不渝地遵循"。最早是1977年2月7日的《人民日报》、《红旗》杂志和《解放军报》共同刊登的社论《学好文件抓住纲》提出的。"两个凡是"提出后，遭到了邓小平、陈云等人的坚决反对，并引发了全党范围内关于真理标准问题的大讨论。

族的认识论和真理观从"唯理主义"转向"现实主义",从"教条主义"转向"实事求是",起到了正本清源的作用。当然,转向现实主义并非取消理想主义,而是要从根本上改变乌托邦过剩而经验匮乏、诗意豪情过剩而务实冷静不足的状态,把理想的现实主义变成现实的理想主义,使"理想趋近现实"和"现实趋近理想"真正统一起来。这是一种纠偏,也是一种扬弃,更是一种超越。

其次,社会主义现代化建设是最大的政治,必须大力发展生产力。

马克思认为,生产力与生产关系的矛盾运动,是推动社会形态由低级向高级转变的根本动力。按此,只有在超越资本主义生产力水平的基础上社会主义才会出现。中国的社会主义建设实践显然发展了这一理论,即首先建立社会主义生产关系,再发展社会主义生产力。经过新中国成立后近30年的发展,中国的社会主义生产力获得了长足发展,但与资本主义国家相比仍有很大距离。1978年,国务院副总理谷牧率团到欧洲考察,感受到了这一差距。西德一个年产5000万吨褐煤的露天煤矿只用2000名工人,中国生产相同数量的煤则需要16万工人,相差近80倍。瑞士伯尔尼公司的一个水力发电站,装机容量2.5万千瓦,职工12人。中国江西省江口水电站,装机2.6万千瓦,职工却有298人,高出20多倍。

> 讲社会主义,首先就要使生产力发展,这是主

> 要的。只有这样，才能表明社会主义的优越性。[1]
>
> ——邓小平

20世纪70年代末，重新认识社会主义，成为中国选择发展道路的关键问题。在传统视域中，对社会主义的定义或被限制在生产关系领域，即认为社会主义就是实行生产资料公有制、实行计划经济；或被限制在意识形态领域，即认为社会主义是与资本主义二元对立的一套价值观念体系。生产力因素被虚置，资本主义的积极因素被"一棍子打死"，其结果是封闭了生产力发展的空间，人们的社会生活处于一种平等却贫困的状态。邓小平扭转了传统的、狭隘的社会主义观，把社会主义视为一种与资本主义竞争的文明形态，一种在物质文明、精神文明、制度文明等方面都具有优越性的文明形态。他认为，社会主义的本质在于解放生产力和发展生产力，贫穷不是社会主义，发展太慢也不是社会主义，资本主义有"计划"，社会主义也可以有"市场"，评价社会主义的关键在于是否有利于发展社会主义社会的生产力、是否有利于增强社会主义国家的综合国力、是否有利于提高人民的生活水平。所以，中国把现代化当作中国最大的政治，大力解放生产力和发展生产力，着力改变"贫穷"和"发展缓慢"的状态。改

---

[1] 邓小平.邓小平文选：第二卷[M].北京：人民出版社，1994：314.

革开放后，中国特色社会主义市场经济体制的逐步建立，为现代化建设奠定了坚实的基础。

第三，释放主体性与实践赋权，推动群众创造历史。

人民群众是历史的创造者，是推动改革开放事业的实践主体。准确把握主体性，是认识和理解中国现代化建设事业的一把钥匙。探索中国历史发展的规律，应当坚持"客体性"和"主体性"的统一，坚持"合规律性"与"合目的性"的统一，既要认识到现代化建设过程中存在的生产力与生产关系矛盾运动的客观规律，同时也要认识到"人"是社会历史的"剧作者"和"剧中人"，是创造历史的主体。人民群众在社会实践中自觉不自觉地活动构成了历史发展的"合力"，人民群众的积极性、主动性和首创精神的发挥是推动社会不断前进的动力。中国改革开放总设计师邓小平也被一些人亲切称为改革开放的"总许可师"。邓小平主张，在社会主义现代化建设的具体探索过程中，尽量做到不定性、不争论、大胆去闯、大胆去试，鼓励"摸着石头过河"，主张"不管白猫黑猫，抓住老鼠才是好猫"，从而把创造历史的选择权和主动权交给人民群众，激活了蕴藏在中国社会深处和亿万中国人身上的智慧和力量。对主体意识、主体能力、主体地位的尊重不是对"人民"或"群众"概念的抽象尊重，而是落实到农民、工人、企业家等具体人群，甚至具体个人身上。从1978年12月安徽凤阳县小岗村18名农民在土地包产到户的"盟约"上摁下手印,到年广久①"傻子瓜子"为代表的个体私营经济获得"正名",从第一只股票、第一槌土地拍卖到第一家证券交易所,从第一家合资企业到第一个经济特区,市场在优化资源配置、促进市场主体性释放的过程中发挥着越来越重要的作用。

第四,推进改革开放,积极融入世界。

现代计量经济学认为,不同国家之间的差异性而非其相似性可以强化这些国家的共同利益,而不同国家对利润最大化的追求必然要求尽可能在全世界范围内拓展市场,使各种经济要素能够充分流动,能够使经济上的比较优势充分发挥。劳动分工,特别是国际劳动分工,无疑是推动经济发展的最强劲的力量。但是,近代百余年来,中国真正在独立自主和国家统一基础上主动开放、参与到国际分工和世界经济体系之中,是在改革开放以后。从康熙到鸦片战争,中国沉湎于天朝上国、无须与他国互通有无的迷梦,闭关300多年。②十年"文化大革命"打断了中国与

---

① 年广久,安徽省芜湖市个体户,他雇工经营,制作和销售瓜子,称为"傻子瓜子",得以致富。因邓小平多次在高层提及年广久并收入《邓小平文选》而闻名全国,号称"中国第一商贩"。

② 明洪武年间,为防海盗滋扰,明朝开始实施海禁政策。永乐年间,郑和七次下西洋,但是放开的只是朝贡贸易,民间私人仍然不准出海。隆庆年间,明政府调整政策,允许民间赴海外通商,史称隆庆开关。明朝实施海禁,并在北方修建明长城,这是明朝锁国的象征,也是中国实行闭关锁国政策的起源。

世界的正常交往。邓小平认识到，中国的现代化不能闭门造车，必须重新开眼看世界，在"南北""东西"多种力量交汇的全球化浪潮中锻炼打拼，赢得机遇，在压力和倒逼的作用下推动改革，在竞争和比较过程中增强实力，提升自我认同。1984年2月9日，邓小平参观陈嘉庚创办的集美学村和陈嘉庚故居时，第一次把"改革"和"开放"概念结合起来，提出"改革开放后，侨务工作很重要"的重要论断。自此之后，"改革开放"作为一个特定概念在党和国家的重要文件和重大政策中开始被不断使用。改革的实践使中国真正成为世界的重要组成部分，有力地证明了"中国的发展离不开世界，世界的发展需要中国"这一论断。

邓小平关于社会主义现代化的理论创见在于五个方面：一是"初级阶段论"，即我国处于并将长期处于社会主义初级阶段。邓小平曾指出，初级路线要管一百年。所以，应当注意到，党的十九大宣布中国特色社会主义进入新时代，也并没有改变我国处于初级阶段这一判断。二是"主要矛盾论"。我国的社会主要矛盾不是无产阶级与资产阶级的矛盾，而是人民日益增长的物质文化需要与落后社会生产的矛盾。三是"首要任务论"，即我国的主要任务是以经济建设为中心，搞好社会主义现代化，不断改善和提高广大人民群众的物质文化生活。四是"市场经济论"，即必须持续建立和健全社会主义市场经济体制，充分发挥市场在资源配置中的基础性作用，正确发挥政府的功能。

五是"判断标准论",即将是否有利于发展社会主义社会生产力,是否有利于增强社会主义国家的综合国力,是否有利于提高人民的生活水平作为判断事业成败兴衰的价值标准。[①]这些有关社会主义现代化建设的重大论断,确立了国家富强、民族振兴、人民幸福的生命线。

改革开放以来,我国经济社会的发展突飞猛进。自1978年至2017年,中国经济基本保持了中高速增长态势,国内生产总值由年3 678.7亿元增至82.7万亿元。中国的恩格尔系数由57.5%降至29.3%,进入相对于富裕级别。到2017年,我国的城市化率由新中国成立初期的10.64%增至58.52%,人均预期寿命由新中国成立初期的35岁提高到76.7岁,婴儿死亡率由新中国成立初期的20‰下降到6.8‰,中国文盲率由新中国成立初期的超过80%降至5.28%。近10年来,我国学龄儿童净入学率已接近100%,高校毛入学率达40%,这在国际上也属于较高水平。从现代化指数来看,从1980年到2017年,我国第一次现代化指数世界排名从69位跃升至48位,第二次现代化指数世界排名由66位变成为47位,综合现代化指数由103位变成64位,中国现代化呈现很强的赶超势头。从对外交流情况来看,为加强对外交流和学习,我国自1973年开始开展友好城市活动。到2018年4月,我国32个省、自治区、直辖市(不包括港澳台地区)的482座城市与六大洲

---

① 韩庆祥,等.哲学思维方式与领导工作方法[M].北京:中共中央党校出版社,2014:49.

136个国家的677个省/州和1952座城市建立了2629对友好城市关系。

正确认识新中国成立70周年来中国社会主义的发展史，必须坚持大历史观，全面地辩证看待改革开放前和改革开放后两个既有重大区别又相互联系的时期。这是一个重大的理论问题，也是一个重大的政治问题。70年的发展不是一帆风顺的，而是"前进性与曲折性"的统一。如果将前后两个时期单纯地分割、对立起来，就会陷入机械的线性史观和历史虚无主义。通过改革开放前站起来，中国取得了新民主主义革命的胜利，建立了社会主义制度，实现了马克思主义中国化的第一次飞跃；通过改革开放后富起来，中国成功开辟了中国特色社会主义道路，实现了马克思主义中国化的第二次飞跃。改革开放前为改革开放后提供了宝贵经验、理论准备和物质基础，改革开放后继承并发展了改革开放前奠定的政治前提和制度基础。确立前后两个时期互不否定、辩证统一的关系，是坚守社会主义"道统"的内在需要，也是保证中国特色社会主义现代化建设未来方向的必然要求。党的十八大以来，中国共产党之所以带领中华民族进入强起来的状态，就在于这一阶段的发展是对站起来和富起来两个阶段的超越：既继承和发展两个阶段的积极成果，又注意正确应对和解决前两个阶段存在的问题。基于此，强起来才使"中国道路""中国经验"开始超越一国的特殊性，具有普遍的世界历史意义。

历史证明，把马克思主义特别是科学社会主义的一般原理与中国具体实际结合起来,在坚持独立自主、自力更生的基础上,充分利用西方的先进文明成果,是中国推进现代化、赶超西方的正确道路。从新中国成立初期的"以苏为师",到改革开放后的"特色发展",再到新时代的"贡献经验",这条道路极大地体现出中国特色社会主义现代化道路的优越性。

第三章　逆袭赶超辟蹊径：社会主义与中国式现代化

第三节　跑赢现代化的马拉松比赛

中国要实现中华民族伟大复兴的百年梦想，必须以社会主义现代化为现实途径和战略支撑。而现代化并不只是主要考验瞬间爆发力的"百米短跑"，而是考验长期耐力的"国际马拉松比赛"。在这项比赛中，先进者可能不再先进，落后者可能实现赶超，还有人则可能走弯路或者折返。同样，中国实现现代化和民族复兴的道路也不是一帆风顺、一劳永逸的，极可能面临各种各样的风险、挑战，甚至危机。那种"停下来、歇歇脚"的态度，那种"高枕无忧、坐享其成"的想法，以及"敲锣打鼓、雷大雨小"的做法，显然都不利于改革开放和现代化建设的持续推进。坚持道路自信，保持忧患意识，正视发展中的难题，敢于登高山、涉险滩、渡难关，是跑赢这场国际马拉松比赛的关键。

经济层面的"中等收入陷阱"

世界银行在《东亚经济发展报告（2006）》中提出"中等收入陷阱"（Middle Income Trap）的概念，主要是指，由于错失发展模式转换时机、无法克服技术创新瓶颈、发展的公平性缺失、宏观经济政策出现偏差、体制变革严重滞后等原因，中等收入的国家往往陷入经济增长的停滞期无法自拔。进入新时代，与扶贫攻坚相对应的是，越来越多的人跨入中等收入行列，中国的中等收入群体不断扩大，这在人类历史上十分罕见。但与此同时，随着新时代中国社会的主要矛盾转化为人民日益增长的美好生活需要与不平衡不充分的发展之间的矛盾，创新动力不足、贫富差距拉大、社会阶层固化等问题也日益突出。这些矛盾和问题使中国也在一定程度上存在着跌入中等收入陷阱的风险。要解决这些问题，我们可以从以下三点入手：一是在改革、发展、稳定等方面下足功夫，不断优化产业结构、市场机制、调控方式、分配制度等，在防风险、稳增长、调结构、惠民生、促改革之间找到平衡点，使中国经济行稳致远。二是切实在教育、民生等领域进行改革，打破阶层固化。特别是分配领域，需要进一步改善收入分配结构，改善人民生活水平。三是改变经济增长的动力，使创新成为驱动经济增长的第一动力，提升经济发展的质量和可持续性。

政治层面的"塔西佗陷阱"

对于任何一个社会，信任都是十分重要的社会资本。人与人之间的信任程度越高，人们处理社会关系、进行社会生活的交易成本就会越低。从政府的角度来看，"公信力是政府赢得社会公众信任的一种能力，是国家治理能力的一个重要方面，体现出政府工作的权威性和有效性，体现着政府的影响力和号召力"[①]。"塔西佗陷阱"是指这样一种社会现象：当公权力部门丧失公众信任之时，无论其何种言行，都会受到大众质疑或负面评价。公权力的公信力的丧失，不仅意味着政府治理能力的不足，同时也会对经济社会的健康发展和人与人之间的信任关系造成负面影响。

当前，中国处于社会转型的战略机遇期，各种政策举措密集出台，全面深化改革不断推进，其目的是维护好、实现好、发展好最广大人民群众的根本利益。人民高兴不高兴、满意不满意、答应不答应是评判一切工作的出发点和落脚点。当前，如果不能解决好"市长"和"市场"、"维稳"和"维权"、"先富"和"共富"、"利益"和"道德"等多层关系，官与商、官与民、警与民、劳与资、民与商、医与患等各种形式的社会矛盾就可能会被激发。特别是在互联网和自媒体时代，一旦某个广受关注的公共事件没有得到全面、及时、有效的处理，就可能以讹传讹，谣言四起，形成负面舆情，对政府形象造成不良影响。应对"塔西佗陷阱"现象，必须反对官僚主义和形式主义，增强应急处理能力、舆情公关能力，推动责任型、法治型、服务型政府建设，切实提升政府的公信力和治理能力。

---

① 李海清."陷阱"一词须慎用[N].人民日报，2017-12-17(05).

社会层面的"福利社会陷阱"

西方一些国家为了体现自身的优越性,建立了高税收、高福利的社会制度,导致了养懒汉、国家债台高筑、社会发展乏力等问题。但在民众高涨的欢呼声中,这些国家的政府明知福利政策的错误却"不能自拔"。今天,实现对美好生活的向往在某种意义上也意味着良好的社会福利,但中国不能片面学习西方的高福利政策。这是因为,美好生活的内涵是多样化的、有条件的,很难在现阶段让全社会各个阶层的人们都过上同样标准的美好生活。这不仅与当前我国的生产力和经济社会发展水平不相适应,也与中国和世界的资源环境状况不相适应。当前中国GDP总量稳居世界第二,但由于人口多、底子薄、发展滞后等原因,我国人均GDP在世界上的排名却较为落后。因此,中国在实现现代化和美好生活的过程中,既要认识到"做大蛋糕"才能真正"分好蛋糕",将发展作为解决社会问题的钥匙,不断增加社会物质财富的总量;同时又要认识到中国"不患寡而患不均"的传统,特别关注那些"相对剥夺感"和"相对不公平感"较强的群体。针对上述问题,我们应做到以下两点:一是必须将劳动与享受、效率和公平结合起来。一方面,坚持"美好生活是奋斗出来的"这一理念,让美好生活"上不封顶",鼓励个人通过勤奋工作提升自己的生活品质;另一方面,更加注重社会公平,让美好生活"向下兜底",不断提高社会基本保障的覆盖面和总体质量。以"病有所医"为例：医疗改革应以"免费医疗+差异化服务"为方向，在基本医疗方面实行全员免费，在服务层次方面实行差异化选择。二是处理好消费与美好生活的内在关系。在实现美好生活的过程中，人们的消费水平的层次是不同的。应注重生存性消费、发展性消费和享受性消费的统一，注重物质消费和精神消费的协调，防止堕入商品拜物教和消费主义的泥淖。在横向上为人们提供多样化的消费选择，在纵向上为人们提供高质量的消费渠道，在价值上注意引领正确的消费观，使社会生活更加充满活力。

国际关系层面的"修昔底德陷阱"

> 世界上本无"修昔底德陷阱"，但大国之间一再发生战略误判，就可能自己给自己造成"修昔底德陷阱"。①
>
> ——习近平

古希腊著名历史学家修昔底德认为，当一个崛起的大国与既有的统治霸主竞争时，双方面临的危险多数以战争告终。进入21世纪上半叶，整个世界正面临百年未有之变局，国际关系特别是大国关系面临深刻调整。中美关系

---

① 中共中央文献研究室.十八大以来重要文献选编：中[M].北京：中央文献出版社，2016：689.

是当前世界最重要、最受瞩目的大国关系,随着中国的崛起和美国霸主地位的相对衰落,两国在国际体系中的权力地位正或显或隐地发生着此消彼长的变化。这种变化很可能导致中美关系由合作主导型转向为竞争主导型,两国在经贸关系、地缘政治、价值文化等方面将迎来全方位的博弈。如果彼此一再产生战略误判,两国就可能陷入"修昔底德陷阱"。对于这种状况,中国究竟何去何从?一种观点认为,中美将像20世纪后半叶美苏争霸那样,陷入意识形态"冷战"和军备竞争的热战之中。中国应当积极行动起来,与美国及其主导的国际秩序展开全方位抗衡。另一种观点认为,西方国家是现代化的旗手和标杆,中国由于关键实力仍然较弱,应当全面拥抱以自由主义为内核的西方文明,全面吸纳西方的民主、自由、人权理念。可以说,这两种观点都错估了中国的整体实力,错判了中美关系的总体局势。前者的问题在于,以中美关系类比美苏关系,高估了中国实力,很容易使中美关系进入"争霸"关系的陷阱之中。事实上,中国历来反对"国强必霸",笃信"好战必亡",主张独立自主,和平发展。同时,中美力量对比在客观上没有达到权力转移的临界点,中国始终是二战后国际秩序的积极参与者、主动维护者和改革推动者。后者的问题在于,不仅失之"妄自菲薄",而且错判了国际竞争的实质。事实上,在有关知识产权、贸易金融、民主人权等问题的争端背后,中美的国家利益和国家地位的竞争才是实质。西方帝国主义遏制中国,不仅出于意识形态分歧，而且在于维护资本主义世界体系，帝国主义的"三合会"——美国、欧洲和日本很难接受一个多中心、多极的世界。对新时代的中国而言，应坚持独立自主，主动承担起自身国际责任，树立积极正面的大国形象。在处理国际关系特别是大国关系过程中，应当坚守国家利益和民族利益的底线立场，坚持"以斗争求团结"的态度，用更宽泛的框架、以多元多边的思维去推动合作、解决问题。

第四章

守望初心圆梦想：
社会主义与中华民族复兴

中国特色社会主义进入新时代，标示了新的历史方位，擘画了中国实现全面现代化和中华民族伟大复兴的宏伟蓝图。中国共产党将继续团结带领人民，高举中国特色社会主义伟大旗帜，坚持"变与不变"和"改与不改"的辩证统一，不走"老路"，远离"邪路"，走好"正路"。

"船到中游浪更急，人到半山路更陡。"进入新时代，中国的发展既面临着前所未有的机遇，也面临着不少危机、风险和挑战,需要执政党常葆乐观主义精神和忧患意识,改革创新,攻坚克难,落实"两个一百年"的奋斗目标和初级阶段的规划,推进民族复兴之航船行稳致远,破浪向前。

第四章 守望初心圆梦想：社会主义与中华民族复兴

第一节 "变与不变""改与不改"中的新时代

中国特色社会主义进入新时代，意味着中国进入了新的历史方位。所谓方位，即方向和位置。辨别历史方位，就是要弄清楚我们是谁？我们从哪里来？现在处于何处？将要到哪里去？对于一个政党、一个国家而言，能否认清自身所处的历史方位是决定事业兴衰成败的关键。在中国革命、建设、改革的历程中，既有顺风顺水、凯歌高奏的阶段，也有风吹浪打、艰难曲折的阶段。中国内部发展的形势和全球政治经济"大气候"固然是造成不同阶段差异的重要因素，但能否准确研判世情国情社情，能否按照"道""时""势"的要求做出行之有效的战略决策，也会对国家发展和个体命运产生至关重要的影响。个体命运的浮沉汇聚成波澜壮阔的时代浪潮，历史拐个弯儿，就会影响数以千万、数以亿计个体的安身立命。正确判断和准确把握历史方位，明确"变与不变""改与不改"，是确保执政党以民为本、不忘初心、擘画蓝图、制定战略的根本依据。

社会生活的变化与初心使命的不变

改革开放以来特别是进入新时代以来，中国实现了由站起来向富起来、强起来的伟大飞跃，中国日益走向世界舞台的中央，中华民族前所未有地接近民族复兴的伟大目标，中国的政治、经济、文化、社会、生态文明等各项事业不断推进，社会发展日新月异，人民生活水平节节高升。这一切与中国共产党的领导和人民的奋斗是分不开的。中国共产党始终坚持"为中国人民谋幸福、为中华民族谋复兴"的初心和使命，团结带领全国各族人民不懈奋斗。时代在变，社会生活在变，但在实现现代化和民族复兴的总体布局中，中国共产党的领导是中国特色社会主义最本质的特征、人民群众是推动社会变革和历史进步的主体这一定位没有变。中国共产党坚持把人民对美好生活的向往作为奋斗目标，始终把维护好、实现好、发展好人民的根本利益作为一切工作的出发点和落脚点，不断地丰富为人民服务的方式方法，不断地践行党的群众路线。全国各族人民在中国共产党的带领下团结一心、砥砺奋进，积极发挥干事创业的积极性、主动性和创造性，为实现社会主义现代化、中华民族伟大复兴、实现美好生活而努力。党的不变的初心和使命与人民群众日益变化的社会生活共同统一于新时代中国特色社会主义事业中。

第四章 守望初心圆梦想：社会主义与中华民族复兴

社会主要矛盾的转化与我国基本国情不变

唯物辩证法认为，事物是由矛盾构成的。在各种矛盾中，主要矛盾处于支配地位，对事物发展起决定作用。社会主要矛盾的变化是一定时期内关系全局的历史性变化，是判断时代变迁和时代特性的根本依据。随着改革开放的深入推进，特别是党的十八大以来中国特色社会主义的发展，我国生产力水平得到极大提高，中国在社会产品的总供求方面取得长足进步，解决了十几亿人的温饱问题，人们对美好生活的需要日益广泛。与此同时，区域、城乡、产业存在着发展失衡的现象，制约了整体的发展水平；一些地区、一些领域、一些方面还存在发展不足的问题。因此，中国社会出现了由过去的供给绝对不足到现在的供给相对不足的转变，需求则由过去的基础性、生存性、单一化的需求向发展型、享受性、高质量的需求发展。职是之故，党的十九大明确指出，我国社会主要矛盾已经从十一届六中全会"人民日益增长的物质文化需要同落后的社会生产之间的矛盾"转化为"人民日益增长的美好生活需要和不平衡不充分的发展之间的矛盾"。但是，这一变化是"整体量变"和"局部质变"的统一，是"主流"与"支流"的统一。因为这一变化虽然不同于新中国成立的初创期、改革开放的新时期，但仍属于推进社会主义事业总体框架中的量变，并没有改变中国处于社会主义初级阶段的基本国情，并没有改变我国属于世界上最大的发展中国家这一性质。矛盾转化是对现实状况的客观描述，同时也意味着新的战略部署和决策，更预示着未来中国的发展前景。科学把握和正确应对这一转化，对于坚持社会主义的基本原则、纲领和发展方向，推动中国特色社会主义不断前进具有重要意义。

指导思想的与时俱进与坚持科学社会主义基本原则不变

时代是思想之母，实践是理论之源。当代中国正经历着我国历史上最为深刻、最为广泛的变革，正进行着堪称人类历史上最为宏大而独特的实践创新。在应对世界百年未有之大变局的过程中，在推动我国现代化建设和民族复兴事业的征程中，中国共产党不断解放思想，实事求是，与时俱进，推进了马克思主义中国化，形成了中国化马克思主义的最新成果——习近平新时代中国特色社会主义思想。习近平新时代中国特色社会主义思想深邃，逻辑严密，以崭新的内容涵盖了新时代坚持和发展中国特色社会主义的总目标、总体布局、发展方向、发展方式、发展动力、战略步骤、外部条件、政治保障等基本问题，回答了在新时代坚持和发展什么样的中国特色社会主义和怎样坚持和发展中国特色社会主义的问题。需要注意的是，习近平新时代中国特色社会主义思想与马克思列宁主义、毛泽东思想、邓小平理论、"三个代表"重要思想、科学发展观是一脉相承的，在坚持科学社会主义的基本原则上没有变。一是必须坚持马克思主义的基本原理，坚持历史唯物主义和辩证唯物主义。二是必须尊重社会历史发展的客观规律，把生产方式变革作为推动社会结构变迁和社会形态演进的根本动力。三是必须坚持人民群众创造历史的主体地位，将无产阶级和劳动群众作为实现社会主义的依靠力量。四是必须坚持无产阶级政党的领导，充分发挥无产阶级政党在社会主义革命、社会主义建设过程中的先锋队作用。五是必须在生产力发展和社会制度变革的基础上满足全体社会成员的各种合理需要，把实现人的解放、人的自由全面发展、全体人民的普遍幸福作为社会主义的最高价值追求。六是必须认识到社会主义道路并不是一成不变的，必须实事求是、与时俱进地推进社会主义制度不断走向成熟和完善。习近平新时代中国特色社会主义思想是当代中国和世界的马克思主义，是中国特色社会主义理论体系的重要组成部分，也是科学社会主义理论的最新成果。

> 在中国这样一个有着5000多年文明史、13亿多人口的大国推进改革发展，没有可以奉为金科玉律的教科书，也没有可以对中国人民颐指气使的教师爷。①
>
> ——习近平

---

① 习近平.在庆祝改革开放40周年大会上的讲话[EB/OL].(2018-12-18)[2020-10-21].http://www.gov.cn/xinwen/2018-12/18/content_5350078.htm.

"变"与"不变"相统一的认识论在实践中体现为"改"与"不改"相统一的方法论。有论者把全面深化改革中的"全面改革"理解成什么都要改、想改什么就改什么,把"深化改革"理解为往西方的政治经济制度方面改,这显然是错误的。2012年12月31日,习近平在十八届中央政治局第二次集体学习时的讲话中指出:"问题的实质是改什么、不改什么,有些不能改的,再过多长时间也是不改。""世界在发展,社会在进步,不实行改革开放死路一条,搞否定社会主义方向的'改革开放'也是死路一条。"①2018年,在庆祝改革开放40周年庆祝大会上,习近平总书记指出,新时代坚持和发展中国特色社会主义,"既不走封闭僵化的老路也不走改旗易帜的邪路,而是坚定不移走中国特色社会主义道路""就要有志不改、道不变的坚定""改什么、怎么改必须以是否符合完善和发展中国特色社会主义制度、推进国家治理体系和治理能力现代化的总目标为根本尺度,该改的、能改的我们坚决改,不该改的、不能改的坚决不改"。②这些论述深刻阐明了新时代全面深化改革"改"与"不改"的辩证统一关系,是推进新时代中国特色社会主义必须始终要牢牢把握

---

① 中共中央文献研究室.习近平关于全面深化改革论述摘编[M].北京:中央文献出版社,2014:15.
② 习近平.在庆祝改革开放40周年大会上的讲话[EB/OL].(2018-12-18)[2020-10-21]. http://www.gov.cn/xinwen/2018-12/18/content_5350078.htm.

住的基准线和方向标。

"变与不变""改与不改"的统一，是马克思主义普遍真理与中国具体实际相结合的辩证统一，是科学社会主义理论逻辑和中国社会发展历史逻辑的辩证统一。中国特色社会主义道路，是一条立场鲜明、原则坚定的道路，也是一条与时俱进、不断发展的道路。这条道路走得通，走得对，走得好，我们看准认定后就应当坚定不移地走下去，不惧风险，不被干扰，不受蛊惑，真正做到"千磨万击还坚劲，任尔东西南北风"。

第二节　握紧中国特色社会主义的独特优势

中国特色社会主义是社会主义，不是别的什么主义，所谓"资本社会主义""国家资本主义""新官僚资本主义"等说法是完全错误的。中国特色社会主义之"特色"是自身显著区别于其他主义的风格和形式，是中国社会自我认识和自我发展特有的属性，也是中国推动现代化建设的独特优势所在。"当代中国的伟大社会变革，不是简单延续我国历史文化的母版，不是简单套用马克思主义经典作家设想的模板，不是其他国家社会主义实践的再版，也不是国外现代化发展的翻版，不可能找到现成的教科书。"[①]这里主要从政治、经济、社会、文化、生态文明五个方面进行分析。

政治：事在四方，要在中央

回顾5000多年的中华文明史，以"大一统"思想为轴心，中国的文化传统和政治道统一脉相承，一以贯之，

---

① 习近平.在哲学社会科学工作座谈会上的讲话［EB/OL］.（2016-05-17）［2020-10-22］.http://politics.people.com.cn/n1/2016/0518/c1024-28361421-3.html.

由此形成"中国文化可断，中国国土不可裂，中华民族不可分"的基本共识，这是中华文明历久弥新、弦歌不辍的重要原因，也为当代中国政治建设奠定了深厚的历史根基，提供了丰富的文化滋养。

在世界历史上，可以和古代中国对比的国家，只有古罗马。鼎盛时代的古罗马帝国，统治着西起不列颠、西班牙，东至幼发拉底河的土地。千百年来，古罗马帝国被当作人类统治的制度典范，拥有严密的防御体系、训练有素的职业军队、复杂的行政体系和繁荣的交通贸易网。当时的人们相信，"永恒之城"罗马永远不会陷落，但西罗马帝国和东罗马帝国分别于公元476年和1453年灭亡，并没有将其辉煌延续至今。这是为什么呢？这是因为罗马人的政策，"近于朘削四方，以庄严罗马；这就是朘削异族以自肥"[1]，只造成国家，而未造成民族。一经战乱，纲纪废弛，国家就风流云散，不可收拾。欧洲各民族从此走上了分道扬镳、分化日复的状态，再没有统一稳固的大帝国出现。相较之下，中国则不然。中国传统国家之所以能够在朝代更替中得以维持，并一直延续到现代，是因为中华文明不仅造就了大一统传统的国家，更为重要的是造就了大一统的民族；并且，文化认同始终是中国人身份认同的核心，"文化中国"理念始终是中国人获得国家认同的关键，

---

[1] 吕思勉.中华民族源流史[M].北京：九州出版社，2009：76.

中华民族在形成和发展过程中体现出极强的开放性和包容性。在历史上，汉族本身就是多民族融合的产物。而汉族产生后，也对其他民族采取了包容的态度。这种互敬共生的传统在政治上，不仅没有让"夷夏"关系激化成"敌我"关系，反而将其转化为"君臣""舟水"关系，并纳入华夏文明差序格局之中。所以，正如西方世界应当尊重其民族国家建构逻辑一样，当代中国也应当尊重和延续古代中国的"大一统"政治文化逻辑。

随着古代中国向近代中国的转变，帝王政治转向政党政治，近代中国接续大一统的任务落到了政党身上。最初国民党通过北伐战争，完成了国家的形式上的统一。但国民党并没有真正完成抵御外敌和统一国家的任务。最终，中国共产党真正承担救亡图存、实现现代化的使命和任务。中国选择一党长期执政的政治模式在于"大一统"的政治文化，而一党执政又反过来维护和发展了"大一统"格局。中国革命、建设、改革的历史表明，中国共产党的领导是中国特色社会主义最本质的特征，也是中国特色社会主义最重要的制度优势。假如中国选择西方政治制度，就会出现"由分权而党争，由党争而民粹，由民粹而分裂"的危险。中国政治的发展，可以接纳西方经验，但是不可能西化，更不可能变成西方。当代中国的政治建设必须坚持中国共产党一党执政、长期执政的模式，必须在宪法和法律的框架下坚持中央集权，维护中央权威。

首先，坚持中央集权、保障中央权威是无产阶级政党管理社会主义国家的内在要求。

恩格斯在《论权威》中指出，把权威原则说成是绝对坏的东西，而把自治原则说成是绝对好的东西，这是荒谬的。权威与自治是相对的，它们的应用是随着社会发展阶段的不同而改变的。在产生权威政治国家的社会关系被废除之前，不可能把权威的政治国家废除。但在社会主义社会，即使以自身权威支配财富生产和流通的资本家的统治被推翻，即使土地和劳动工具都成了工人的集体财产，权威也必须存在而且要发挥正向作用。因为现代工业生产方式的高度组织化、程序化、规范化，要求生产参与者必须使自己的个人意志服从于工厂的整体意志（权威）；社会分工的不同以及社会紧急事件的处理，也往往需要人们服从权威。

其次，坚持中央集权、保障中央权威是保持政权稳定、推进现代化的政治条件。

根据塞缪尔·P.亨廷顿的研究，二战后的一些发展中国家，一党制（包括共产党制）国家较之多元政党体制独立后发生政变更少，力量更为强大，政权更趋稳定，因而更能集中力量搞好现代化。即便到了1966年，实行一党制、处于现代化之中的国家最不易惨遭军事政变之祸；共产党国家能自觉地把建立政治组织摆在优先地位，他们在建立政治秩序方面最为成功。当然，一党制并不能杜绝发生军事政变，但多党制几乎肯定会发生政变。据统计，在独立后发生政变和具有政变企图的国家中，共产党国家的比例为0%,一党制国家为11%,多党制和无效政党制国家分别达到了68%和83%。①

最后,坚持中央集权、保障中央权威有利于推进社会主义建设事业。

对于幅员辽阔、规模超大、多元合一的中国而言,要保持社会的稳定和繁荣,就必须重视统合,重视国家的凝聚力和向心力,就需要强有力的中央集权和领导核心,必须维护中央权威。正如邓小平所说:"中央要有权威。改革要成功,就必须有领导有秩序地进行。没有这一条,就是乱哄哄,各行其是,怎么行呢?……党中央、国务院没有权威,局势就控制不住。"②作为后发外生型现代化的发展中国家,要应对诸多的内外矛盾和挑战,要保证政局的稳定,要把人财物、各种力量统一起来,就必须要有一元化的、强有力的领导。实践证明,集中力量办大事是中国现代化建设的独特优势。从抗洪救灾到抗震抗疫,从载人航天飞船到三峡大坝,无不体现了社会主义制度集中力量办大事的优势。反观资本主义国家,政党政治,党同伐异,互相推诿,效率低下。以至于一些西方人"想做一天中国人"。《纽约时报》专栏作家托马斯·弗里德曼的新书

---

① 塞缪尔·P.亨廷顿.变化社会中的政治秩序[M].王冠华,刘为,等译.北京:生活·读书·新知三联书店,1989:376.
② 邓小平.邓小平文选:第三卷[M].北京:人民出版社,1993:277.

《世界又热又平又挤》其中一章的标题竟然是"假如美国能做一天中国"。这是为什么呢？他说，在中国，如果需要的话，领导人可以根据实际需要改变规章制度、标准、基础设施，以维护国家长期战略发展的利益。这些议题若换在西方国家讨论和执行，恐怕要花几年，甚至几十年的时间。比如：美国自1973年就开始实施汽油去铅，但直到1995年才基本完成汽油的无铅处理。而中国在1998年开始实行汽油无铅化，1999年就在北京地区试行新标准，2000年就实现汽油无铅化。因此，弗里德曼感叹道："这就是为什么我希望美国能做一天中国（仅仅一天）——在这一天里，我们可以制定所有正确的法律规章，以及一切有利于建立清洁能源系统的标准。一旦上级颁布命令，我们就克服了民主制度最差的部分（难以迅速做出重大决策）。"①

经济：混合至上，执两用中

2018年11月，在美国总统特朗普正式开启任内首次访华之旅前夕，美国的《时代》周刊公布了当时最新一期杂志的亚洲版封面。上面用中文和英文两种语言写着"中国赢了""China won."。据封面文章作者、政治学者伊恩·布雷默介绍，这是《时代》周刊封面第一次出现两种语言。在《中国经济是如何赢得未来的》一文中，作者指

---

① 托马斯·弗里德曼.世界又热又平又挤[M].王玮沁，等译.长沙：湖南科技出版社，2009：355-356.

出，如今的中国已经成为全球经济中最具实力的国家，而美国则落居第二。

古老的东方国家改革开放40年来创造的经济奇迹让世界瞩目，也让世界迷惑。著名经济学家米尔顿·弗里德曼[①]指出：谁能解释清楚中国经济，谁就能得诺贝尔奖。实际上，中国在改革方案的设计中，遵循了混合至上、执两用中的方法论，反对偏向任何一个极端，主张发挥各种要素相互作用、相互激荡的"混合优势"。这种包容性智慧，超越了人类对经济社会发展的既定认知模式，是一种全新的改革思维模式。

首先，包容性智慧是一种实践思维。

实践智慧在哲学上是一种实践唯物主义，它反对从任何形式的形而上学出发，用抽象观念、抽象教条以及所谓的绝对经验宰制现实、指导行动。相反，它把现实看作在特定时间、空间和情势下不断生成、不断变化的一种状态，主张在把握规律的基础上发挥主观能动性，因时制宜、因地制宜、因势制宜地选择行动策略。改革开放以来，中国从整体上突破"以苏为师"的发展模式，走出中国特色社会主义道路，其关键就在于真理标准问题的讨论确立了一种实践智慧。在经济建设方面，中国坚持"两个

[①] 米尔顿·弗里德曼（Milton Friedman，1912—2006），美国著名经济学家，芝加哥大学教授，芝加哥经济学派领军人物，货币学派的代表人物，1976年诺贝尔经济学奖获得者。

毫不动摇"，毫不动摇地巩固和发展公有制经济，毫不动摇地鼓励、支持、引导非公有制经济发展，实际上就是把对各种经济要素的包容性纳入社会主义经济制度，以保证"特色"获得强有力的保障。无论是"猫论"还是"摸着石头过河"，无论是"计划与市场"还是"三个有利于"，都把实践提升到思想原则的高度。特别是"社会主义"与"市场经济"的历史性结合，避免了"一放就乱、一管就死"的难题，更体现着中国人善于驾驭矛盾复合体、善于优势互补的能力。

中国是一个幅员辽阔、内部复杂性极强的国家，处理央地关系尤其需要实践性思维。管理这样一个国家，政策不宜"过粗"，否则就可能导致地方的"自由解释权和自由裁量权"太大，影响中央政府的整体战略布局；也不宜"过细"，因为这可能导致地方生搬硬套、机械实施，导致中央的初衷"南辕北辙"。所以，中国的经济政策实践，既要避免走向"一刀切"又要避免"各吹各号，各喊各调"，把中央的集中统一领导和地方基层的工作现实性结合起来。这种实践智慧，在中国公共政策的实施过程中体现为"试点"的运用。也就是某一个做法先在一县一市尝试成功后，再向全国推广，而其他地方则结合自身的实际情况将这些普遍的经验具体化。这种具体与抽象的统一，正是"执两用中"的包容性智慧的体现。

其次，包容性智慧是一种渐进思维。

20世纪90年代，为改变苏联时期高度集中的计划经济体制，俄罗斯加快经济的私有化、自由化、市场化进程，企图通过"休克疗法"完成向市场经济的转轨，造成了严重的经济社会危机。这一时期，中国的改革以俄罗斯为鉴，采取了社会代价较小、渐进式改革的路径。在总体方向上，坚持"一个中心、两个基本点"，正确处理好改革、发展和稳定的关系，要求经济改革要把社会主义公有制与商品市场经济结合起来，把利用资本的正面作用和控制资本的负面影响结合起来。这一方向决定了中国不可能走西方的自由化、私有化道路，而是逐步建立社会主义市场经济体制。在具体方案上，改革不追求全面洗牌，一蹴而就，而是在传统与现代、内部与外部彼此平衡、相互协调的基础上，找到一条可以不断逼近最优的方案，实现经济体制平稳转轨。改革开放以来，党和政府始终根据我国生产力发展水平、社会主要矛盾状况以及现代化建设需要制定相关经济政策，有步骤、有节奏地推动不同地区、不同产业、不同行业的发展，实现了工（业）农（业）服（务业）、东中西、上下内外、点线面圈的循序推进，中国经济获得平稳快速发展。从实际效果来看，渐进式改革既没有淡忘经济改革的目标，又将改革的步骤节奏控制在社会可以承受的范围内；既有助于减少或降低改革带来的社会成本和社会代价，又有利于调动社会成员的积极性、增加对改革的社会支持，从而实现了改革效益的最大化。

第三，包容性智慧是一种系统思维。

系统思维是指在认识事物时，不是把事物当作孤立的、静止的、片面的对象，而是当作有机关联的系统。也就是说，从要素与要素、过程与要素、系统与要素、系统与环境的相互联系和相互作用来分析问题，做到整体与局部、宏观与微观的有机统一。习近平总书记指出："改革开放是一个系统工程，必须坚持全面改革，在各项改革协同配合中推进。"①

中国的经济建设和改革，始终坚持统揽全局、协调各方、全面发力、系统推进。"要坚持用系统思维谋划全局，准确把握改革的方向、主线和重点，处理好解放思想和实事求是的关系、整体推进和重点突破的关系、顶层设计和摸着石头过河的关系、胆子要大和步子要稳的关系、改革发展稳定的关系。要坚持从改革的全局和整体出发谋划改革，把握各部分之间的相互联系和相互作用，提高改革的整体效能。要充分把握改革的时序和节奏，既使不同阶段的改革在进程上相互协调，也使不同领域的改革在步调上协同一致，使改革有条不紊、相得无间。"②中国改革40多年来，从战术上看，无疑是以小切口带来大转变；从战略上看，各方面呈现出一种相互关联、统筹推进的关系。20世纪70年代末80年代初的家庭联产承包责任制，拉开了改革的大幕。90年代初期，为了建立社会主义市场经济体

---

① 习近平.习近平谈治国理政：第一卷［M］.北京：外文出版社，2014：68.
② 汤俊峰.增强改革的系统性整体性协同性［N］.经济日报，2018-09-28（07）.

制,我国确立了产权改革、国企改革、政府职能改革、收入分配改革、财税体制改革、社会保障改革等一揽子改革任务。党的十八届三中全会确立了60个方面336项具体措施,就是要搭建改革的四梁八柱,增强改革的系统性和整体性。注重改革的系统性、整体性、协同性,是我国经济建设取得重大突破的关键经验,也是我们继续推进全面深化改革的重要方法。①

四十而不惑,四十正青春。中国的经济建设始终将解放和发展生产力,消灭剥削和两极分化作为价值目标,重视向全体人民释放改革红利,让老百姓得实惠、尝甜头、有获得感,推动美好生活的实现。所以,历经四十载改革开放光辉历程的中国不乏精彩的故事。开启改革开放的中国农村经济改革可以说是包容性智慧的生动写照。

1978年冬,安徽凤阳县小岗村18位农民聚会,签下一份"秘密契约",他们约定:"我们分田到户,每户户主签字盖章,如以后能干,每户保证完成每户的全年上交和公粮,不在(再)向国家伸手要钱要粮,如不成,我们干部作(坐)牢割头也干(甘)心,大家社员也保证把我们的小孩养活到十八岁。"据新华社的《国家相册》记录,带头人严宏昌回忆当时开会的情景说:

> 开会聚齐了,但没人谈生产,都是在互相交流

---

① 李拯.中国的改革哲学[M].北京:中信出版社,2018:299.

> 哪里好要饭，我心里很难受。我对大伙说，我们农民有土地有力气有手脚，还吃国家的粮，被共产党养活20多年，那工农商学兵还有吃的吗？我们要甩掉吃国家供应的帽子，争取对国家有贡献。今天的目的，我不说，你们也知道，我想把地分了。办法是我想的，我来挑头，意见很简单：完成国家的，留足集体的，剩多剩少都是自己的。

在当时中国极"左"的政治氛围下，这一破天荒的自发性改革承受着巨大的政治压力。不过，民心所向、民心汇聚产生的力量是巨大的，历史进步的车轮也是不能被阻挡的。小岗村的消息传到中央，邓小平以高超的战略思维看到了其中蕴含的变革时代的力量，指出那种认为"大包干"会影响集体经济的担心是完全不必要的，表达了对这一变革的支持。中国农村土地联产承包责任制，既不是传统计划经济的"一大二公"，也不是西方经济的"纯私有"，农村土地所有权是国家和集体的，但是使用权却是农户的。它坚持"交了国家的，留足集体的，剩下都是自己的"的分配原则，从而充分调动了农民的生产积极性，有效解决了温饱问题。农村改革取得重大成果，也进一步推动了中国改革开放的步伐。

自2014年起，国家将农村土地承包经营权分为承包权和经营权，实行所有权、承包权、经营权"三权"分置并行。这一改革是根据农村土地生产经营状况做出的重大制度创新，符合生产关系适应生产力发展的客观规律，有力地推进了土地资源的合理利用，推进农业现代化发展。类似的改革探索在农村基层仍然在不断开展着。近年来，贵州六盘水实行了"资源变资产，资金变股金，农民变股民"的"三变"改革，扎扎实实提高了农民收入。为什么要实行这项变革呢？传统意义上农民收入的主要来源是土地种植、家畜养殖和外出务工，这些收入并没有真正改变农民收入水平低下的面貌。其原因就在于，经济学的分配是按照要素贡献进行的，由于农民劳动力的稀缺性远低于一般资产（如土地等）的稀缺性，资产（资本）的回报率比劳动力的回报率高。所以，如果农民没有资产性收入，农民的收入水平很难提高，其与资产者的收入差距也会越来越大。当地政府将资源变成资产，实际上是盘活农村资源，并将其以资产的形式确权给农民，从而为资金变成股金、农民变成股民创造条件。这一做法深化了农村产权制度改革，切实保障了农民财产权益，让农民真正能够"富起来"。[①]另外，安徽一些地区的"一块田"改革也值得关注。什么是"一块田"呢？过去在农村生活过的人都有这样的经验，各家各户在土地分配上是东一块西一块，肥一块瘦一块，一家人可能只有几亩地，但是又在不同的地方，农民种地成本较高，效率较低。"土地细碎化"成为

---

① 王东京."三变"改革的学理解释[N].学习时报，2017-08-25（A5）.

农地流转的重要瓶颈，既不利于土地的机械耕作和农业的规模化、集约化经营，也不利于农村土地的确权登记颁证，从而严重制约了现代农业的发展进程。自2013年起，安徽省蒙城县通过探索和推行零碎分散土地的互换并块，实现户均"一块田"制度，有效解决了土地零碎化的难题，盘活了农村的土地资源，加快了土地流转，对农村发展、农民增收和农业现代化具有十分积极的意义。

社会：多元一体，弘扬"共同体"精神

人的本质是社会关系的总和，社会属性是人的本质属性。任何时代、任何社会的人们都会因为各种原因结成各式各样的共同体。中国传统社会，是一种小共同体与大共同体相统一的社会。传统村落是具有高度价值认同与道德内聚的小共同体，其中的人际关系，包括主佃关系、主雇关系、贫富关系、绅民关系、家（族）长与家（族）属关系都具有温情脉脉的和谐性质。国家政权的力量只延伸到县一级，县以下的传统乡村只靠习惯法与伦理来协调，国家很少干预，小共同体具有一定的自治性。在小共同体的基础上，人们又坚持着家国一体、礼法一体、君民一体、忠孝一体大共同体的价值观。而且大共同体意识往往超越小共同体。所以在中国形成了责任高于权利、群体高于个人、秩序高于自由的观念。在传统社会，个人往往被淹没在家庭和王朝的共同体中，人的独立性、个性难以凸显，但却为国家民族之统一、文化之绵延发展发挥了重要作

用。在近代社会，中国传统社会的共同体观念，在形成集体意识、民族意识、国家意识方面，特别是在形成中华民族共同体方面产生了积极的影响。

进入现代社会，随着市场化、工业化、城市化、信息化的发展，传统的社会共同体也面临着冲击、发生着变化。其一，熟人社会向陌生人社会的转变。传统社会，人们祖祖辈辈很少离开一块土地，其社会关系主要以血缘、地缘关系为主，也十分稳定和坚固。但现代社会则是以利益聚合和职业分化为主，流动性增强，社会关系的模式则相对松散，也更加多样化和富于变化。其二，前喻文化向后喻文化的转变。前喻文化是指知识经验和技能的传递是由亲辈传给子辈，而后喻文化则是由子辈传给亲辈。这样的结果就是，传统单向性的尊卑长幼秩序关系变成了现代的相对平等的、变动的社会关系。其三，社会交往空间由实体向虚拟转变。互联网（特别是移动互联网）的发展，使时空高度压缩，使广袤的世界变成地球村，其结果是"让天涯变成咫尺"，也让"咫尺变成天涯"。也就是说，离得越近的熟人交流越少；相反，难以照面的生人越可能相谈甚多。

社会关系由熟悉到陌生，由前喻到后喻，由实体到虚拟，其结果是社会共同体越来越指向利益、兴趣和知识，越来越微小化、离散化、易逝化。特别是得益于大众文化市场和现代传媒技术，人们的感性欲望得到了前所未有的满足，人与人之间的社会关系愈加转变为物与物的关系,原有的结构固化和空间狭窄的血缘、地缘、业缘、阶层关系被打破,形形色色的共同体被创造出来。在血缘、地缘、姻缘、业缘、学缘关系的共同体之后,还存在以兴趣、爱好等为联接方式的共同体。人们根据各自欲望、爱好、品位的不同,结成或实体或虚拟的"趣缘"共同体。大众不再铁板一块,而是"多元化""分众化"了,中国人的社会关系获得了前所未有的丰富性。这种变化,一方面体现了个性的张扬,另一方面也对大共同体意识造成冲击。在这种情况下,中国倡导社会主义核心价值观,在社会层面强调"自由、平等、公正、法治",积极处理好公共与私人、群体与自我、秩序与自由、平等与差异、一体与多元的关系,形成了既充分弘扬传统文化的共同体精神又体现中国市场经济发展的实际,既弘扬集体主义爱国主义的主旋律又充分保障个人的独立性和个体权利,既生动活泼又团结有序的社会生活状况,体现了社会主义社会的优越性。

文化:美人之美,海纳百川

为了解世界各国人民对中、德、日、印、俄等国的国家形象的认识,有研究者做了一项问卷调查。在"最喜欢哪个国家"这一问题上,中国获得了30.2%的投票,高居第一名。在"美国人对中国文化的认知"的问卷中,研究者列举了"灿烂文化""经济发达""政治民主""社会稳定""环境优美""外交和平"等因素,"灿烂文化"获得了高达55.8%的投票。其中,又有超过80%的受众的认知表现如下:注重精神的(54.3%)、有吸引力的(40.2%)、创新的(38.8%)、爱好和平的(37.2%)、有价值的(33.5%)、和谐的(23.7%)、多元的(23.1%)、有活力的(19.0%)、灿烂的(18.5%)以及包容的(13.7%)。①

中国文化特别是以中华优秀传统文化为基础的中国文化,已经成为凝聚中国力量、中国精神,展示中国形象、中国风貌的重要名片。这同中国文化重视和谐共生、包容多元的精神特质息息相关。西方文化以主客体二元对立为基础,强调"文明冲突论""西方中心论""普世价值论",充满进攻性和偏执性。而中国文化则以天人合一为基础,讲求兼容并包,交流互鉴,是一种包容性、内敛性的文化。中华文化的包容性和内敛性突出地体现在其学习型的品格之上。《论语》开篇第一句"学而时习之,不亦说乎?"的第一个字就是"学",这个字描述了中华文化重要的特征,即学习型品格。首先,中国文化对待外来文化的态度,不是按照"有你没我""你死我活"的方式搞拒斥,而是予以真诚之尊重、同情之理解,以达到和谐共处的目的。正如费孝通所说:"各美其美,美人之美,美美与共,天下大同。"其次,中华文化始终能够坚持主体性立场,任何文化到了中国都会被中国化,而不是外国化。

---

① 王丽雅.美国人眼中的中国形象[M].北京:北京大学出版社,2018:163-166.

从中国历史来看，以儒家为主体的中华文化，吸收外来文化有三次：一是汉唐之际的佛教中国化，极大地丰富了中国人的心灵世界和信念世界。二是明清之际的西学东渐，在中国广泛传播了大量天文、地理、历法、科技等方面的知识。三是近代以来的马克思主义中国化，马克思主义与中国革命建设的传统结合形成了革命文化和社会主义先进文化。在每一次文化交融的过程中，中华文化不仅没有丧失自身的主体性精神，反而迎来了质的提升。特别是近现代以来，中华文化以其兼收并蓄、博贯包容的品格积极学习外来文化，使优秀外来文化成为中国现代化文化的有益组成部分。例如：在发展社会主义市场经济的过程中，我国不断与世界市场接轨，不仅以开放意识、竞争观念和冒险精神冲击了传统文化中的封闭保守因素，而且还逐渐形成了具有中国特色的诚信文化、契约文化和法制文化。又如：在马克思主义中国化的进程中，历史唯物主义与辩证唯物主义的基本原理与中国传统文化融合，发展出中国特色的革命文化和社会主义先进文化，形成了中国社会文化的"新传统"。

在全球化时代，随着文化交流日趋频繁、文化竞争日益激烈，中国比以往任何时候都更重视坚持"不忘本来、吸收未来、面向未来"的文化发展态度。只有坚持中华文化本位，重视中西的差异性，才能使中华民族和中华文明永续发展；只要坚持不断学习，重视中西的互补性，就能为中华文化的提升和复兴注入新的活力。

生态文明：天人合一，责任伦理

中国最初的现代化实践中对于工业化有一种强烈而急迫的追求。2005年8月15日，习近平在安吉县天荒坪镇余村考察时，首次明确提出了"绿水青山就是金山银山"的重要思想。2013年9月7日，习近平在哈萨克斯坦纳扎尔巴耶夫大学回答学生问题时指出，建设生态文明是关系人民福祉、关系民族未来的大计。我们既要绿水青山，也要金山银山。宁要绿水青山，不要金山银山，而且绿水青山就是金山银山。十九大报告指出，我们要建设的现代化是人与自然和谐共生的现代化。这表明，经历风风雨雨半个多世纪，中国领导人对现代化的理解发生了深刻的变化。

从人与自然关系的历史来看，人类文明的形态先后经历了崇拜自然的渔猎文明（蓝色文明）、掠夺自然的农耕文明（黄色文明）、征服自然的工业文明（黑色文明）三个时期，目前人类正在走向敬畏自然的生态文明（绿色文明）阶段。中国特色社会主义超越农耕文明、扬弃资本主义工业文明的独特之处就在于，它坚持责任伦理，主张建立尊重自然、顺应自然、爱护自然的绿色文明。

首先，超越人类中心主义，重视"生态权利"。

自然界是人类生存和发展的基础。人类认识自然、利用自然、改造自然是为了满足人的需求、推动人类社会发展。但这并不意味着人拥有主宰自然的权力，更不意味着人类中心主义。事实上，人与自然的关系是能动性与受动性的统一,人在向自然施展自身权力的同时,自然也在向人施展权力,人与自然之间是相互的"权利"关系而非单方面的"权力"关系。资本主义之所以在本质上具有反生态特性,就是因为它主张极端的人类中心主义,将人变成万物的尺度,将自然视为纯粹的对象,导致了人与自然关系的异化。在西方现代化过程中,因为不能摆脱资本的增殖逻辑和消费主义狂潮,造成了资本对劳动者和自然界的双重掠夺,造成了资产阶级在生态环境问题上自私、短视、不负责任的态度(即使当代绿色资本主义也难逃这一符咒)。很显然,得益于全体劳动者共同掌握生产资料的经济制度和对西方工业化现代化道路的反思,今天的社会主义中国选择了建设生态文明的新路。在利用自然的同时,也强调人对生态环境的义务,重视自然界的"生态权利"。具言之,在对待自然界时,这不是仅仅将其视为无情感、无意识的客观对象,视为"他者",而是在一定意义上将自然"人格化"(如自然母亲的说法),正视自然的价值、意义和未知性,从而真正做到顺应自然、尊重自然、热爱自然。坚持人类权利与生态权利的统一,能够超越人类中心主义和生态中心主义的片面对立,做到"既要绿色青山,又要金山银山",有利于推动"个人—共同体—大自然"的和谐发展,推动人类共同福祉的实现。

其次,重塑"以人为本"理念,提倡"绿色权利"。

要真正做到"以人为本",就必须全面认识人的权利。"有机马克思主义"①认为,人的权利包括三个组成部分:一是蓝色权利,指个人的公民权利和政治权利;二是"红色权利",主张在个人的基本需要得到满足之后,应当追求人类共同体的经济社会权利;三是"绿色权利",主张社会的发展不仅应当包括人的经济政治生活,而且应当考虑动植物和整个生态系统对人类发展的意义。尽管"有机马克思主义"与我们所倡导的马克思主义具有根本的不同,但它的这一观点对我们仍具有一定的启发性。

过去,人们主要重视人的政治经济权利,而忽视了人享受良好生态环境的权利。提倡绿色权利,就是要认识到自然是人和社会不可或缺的有机组成部分,社会的可持续发展和人类生活质量的提高既需要现代的物质条件,也需要"望得见水,看得见山,记得住乡愁"。所以,提倡绿色权利,就是要将资源、环境、生态状况纳入对人的发展和社会发展的评估体系之中,特别重视生态环境保护对于代际发展、区域发展、全球发展的重要意义。

---

① "有机马克思主义"是当代国外马克思主义思潮中的一种新观念。有学者指出,"有机马克思主义"面对全球生态危机,努力尝试从理论上寻求解决问题的方案,其提出的一些观点值得借鉴。但是,"有机马克思主义"所呈现的哲学基础、对待中国传统文化的方式以及在实践中不触及资本主义根本制度的"生态文明"建构模式都表明,它只是马克思主义在新时代的发展和探索,尚不足以成为指导中国特色社会主义现代化发展的当代中国的马克思主义。〔参见沈江平."有机马克思主义"是一种新的马克思主义吗.文摘报,2017-02-09(06).〕

再次，改变"增长主义"发展方式，树立"极限增长"理念。

资本主义生产方式是既敌视人又蔑视自然的物质主义发展方式。资本通过掠夺人的方式掠夺自然，导致了自然的贫困和生态危机。对于建设市场经济的社会主义国家而言，要利用好驾驭好资本，就必须在利用资本"创造文明"的同时警惕资本对人与自然的过度掠夺。1972年，罗马俱乐部提出了不同于新古典主义经济学的发展模式，即："极限增长"模式，它主张自然、资源、气候、生态环境等是经济发展的重要制约因素，经济发展和社会生活带来的资源消耗、污染排放和气候影响必须在一定极限范围内，否则就会带来崩溃；在地球的生态系统内，物质资源不可能无限增长（指数增长更不可能），所以必须把发展的方向转向对质量的追求。自20世纪80年代以来，中国就陆续提出了可持续发展、绿色GDP、绿色发展、建设生态文明等重要思想。党的十九大要求促进经济由高速度增长向高质量发展，就是要推动"增长主义"的传统模式向"极限增长"的现代模式转型。进入21世纪，中国更加重视"极限增长"的意义，通过技术创新提升自然资源的利用效率，通过价格和市场来调节稀缺资源的使用，通过宏观政策布局生态环境保护的重点工程。

第四，践行"主体精神"，促进绿色发展。

人和自然的关系既包括静态限度的"自然条件"，又包括动态因素的"人类能力"。在人与自然的动态关系中，必须明确人的主体地位，树立人的权利主体、责任主体及道德主体意识，超越以自然主人自居的机械认识，提倡人与自然共生的绿色思维与保护自然的主人翁精神；勇于承担生态使命，进行科技创新，清除有害技术、发展替代技术、阻止潜在危险技术、补偿技术受害者；协调处理"肚皮"问题和"地皮"问题，在解决部分地区环境问题与生存问题关系的基础上，适当关注环境问题和舒适问题的关系；深刻认识生态可持续发展是工业可持续发展的基础，积极建设生态文明，处理好物质文明、精神文明、制度文明与生态文明建设的关系。这样，才能在社会良性发展的基础上，实现物的发展与人的发展、短期发展与长期发展、局部发展与整体发展、自由发展与全面发展的统一。[1]可见，在社会主义条件下，不断调整经济基础和上层建筑的关系，发挥主体性作用，推进生态文明建设，已经成为解决生态危机的重要途径。

政治层面"大一统"理念、经济层面包容性智慧、社会层面的"共同体"精神、文化层面的"学习型"品格、生态层面的"责任伦理"，共同构成中国特色社会主义的"特色"。在五大建设中，"坚持以人民为中心"始终是一切工作的出发点和落脚点，坚持全面协调、统筹兼顾、平衡有序的系统思维始终是一切工作的基本方法。

---

[1] 董彪，张茂钰.生态危机的人学反思——兼论"绿色发展观"[J].求实，2017(4)：4-12.

第四章 守望初心圆梦想：社会主义与中华民族复兴

第三节　肩负起强国新时代的伟大使命

> 不忘初心，方得始终。中国共产党人的初心和使命，就是为中国人民谋幸福，为中华民族谋复兴。这个初心和使命是激励中国共产党人不断前进的根本动力。①
>
> ——习近平

中华民族伟大复兴的中国梦是近代以来中华民族最伟大的梦想。中国共产党自成立时起，就把实现共产主义作为最高理想和最终奋斗目标，主动承担起了中华民族伟大复兴的历史使命。随着中国特色社会主义进入新时代，中国共产党的历史使命与责任也更加光荣和艰巨。应当看到，经历新中国成立70年、改革开放40年，特别是十八大以来，中国的社会主义建设取得了举世瞩目的成就，为中华民族的伟大复兴开辟了光明前景，为马克思主义和科学社会主义的发展拓宽了道路，为世界和平和人类繁荣创

---

① 习近平.决胜全面建成小康社会 夺取新时代中国特色社会主义伟大胜利——在中国共产党第十九次全国代表大会上的报告［R］.北京：人民出版社，2017：1.

造了新的空间。但须知,"船到中游浪更急,人至半山坡更陡"。在新时代,中国的发展还面临着一系列的矛盾和问题。从内部来看,制约中国社会转型的一系列政治、经济、文化、社会、生态等因素仍然存在,社会发展面临的不平衡不充分问题仍然突出,经济发展下行压力加大、经济金融领域风险系数增加,贫富差距日益拉大,社会分化现象日益突出,教育、医疗、住房、养老等痼疾仍需破除。从外部来看,随着经济、军事、国防等硬实力日益雄厚,文化和意识形态等领域的软实力日益提升,"中国威胁论""中国称霸论""共产主义恐怖论"成为西方国家遏制中国发展的借口,由此引发的中西方的政治博弈、经贸摩擦、外交纷争、文化冲突等将可能更加频繁和激烈。中西之间,特别是中美之间在国际地位、经济利益和意识形态方面的争端,以及由于沟通不畅导致的战略误判,很有可能使大国堕入"修昔底德陷阱"。"中流更须击水,浪遏自当飞舟。"越是接近成功,越应当谦虚谨慎、不骄不躁,越应当树立战略意识、风险意识、危机意识,越应当拥有革命精神、创业精神、斗争精神,遇水搭桥,逢山开路,闯关夺隘,攻坚克难。

实现民族复兴的中国梦,必须推进向各种矛盾风险挑战的伟大斗争,推进党的建设新的伟大工程,推进中国特色社会主义伟大事业,其关键是推进党的建设伟大工程。习近平总书记指出,坚持和发展中国特色社会主义要一以贯之,推进党的建设新的伟大工程要一以贯之,增强忧患意识、防范风险挑战要一以贯之。中国共产党领导人民进行伟大的社会革命和领导全党进行伟大的自我革命是我们党必须推进的"两个伟大革命"。这为中国共产党承担民族复兴的历史使命奠定了总基调。一方面，要抓好自身建设，推动自身革命，建立一个站在时代前列、人民衷心拥护、朝气蓬勃的政党；另一方面，要抓好政权建设，推动社会革命，建立一个富强、民主、文明、和谐、美丽的现代化强国。

承担使命、应对挑战，特别需要处理好"党建"与"治国"的关系，处理好党的自我革命与社会革命的关系。党建即是无产阶级先锋型政党建设，具有很强的政治性、理想性和纯粹性，它遵循的是共产党的执政规律；治国是一项系统的政权建设和社会治理工程，具有很强的社会性、现实性和复杂性，它遵循的是社会主义建设规律。共产党执政规律和社会主义建设规律最终统一于人类社会发展规律，但二者又有区别；"党建"思维与"治国"逻辑既相互联系又相互区分。所以，既要着力解决党的建设"弱化""软化""虚化"等一系列问题，又应当具有较为清晰的界线意识。要把加强党对一切工作的领导与发挥群众的主体性和首创精神结合起来，既要切实提升党把方向、定基调、管大局的能力，又要避免把党的全面领导理解为对社会生活一切方面一切环节事无巨细地管理。要把全面从严治党、加强党的自我革命和推动伟大的社会革命结合起来，既要提升全党自我净化、自我完善、自我革新、自我提高的能力，以党的自我革命推动伟大的社会革命，也不能把党的自我革命和社会革命简单等同起来。具体来说，这包括五个方面：一是要厘清党的理想信念、最高奋斗目标和现阶段执政战略的区别。二是要认清党内法规与国家法律的区别，党规必须严于国法。三是要注意把对党员干部的要求和对普通群众的要求区别开来，既防止历史虚无主义，又防止简单片面地泛政治化和"宁左勿右"风气。四是注意处理好"红"与"专"的关系，重视"专"不能忽视"红"，强调"红"也不能忽视"专"。五是处理好"一球两制"（资本主义制度和社会主义制度）和人类命运共同体的关系，构建适应新时代大国外交需要的国际话语体系。当然，最根本的是要明确和坚持新时代我国仍是社会主义国家的社会性质没有变、我国所处的社会主义初级阶段的历史方位没有变、我国是世界上最大的发展中国家的世界地位没有变等系列论断，避免因为内部因素或外部因素产生战略误判。

早在1941年，毛泽东在《农村调查的序言和跋》中指出，为完成新民主主义革命的使命，既要保持共产党员的共产主义的纯洁性，又要保护社会经济中有益的资本主义成分，"反对党内资本主义思想的斗争"不能"错误地移到社会经济方面，去反对资本主义的经济成分"[1]。今天

---

[1] 毛泽东.毛泽东选集：第三卷［M］.北京：人民出版社，1991：793.

我们党推动全面从严治党，以各种规定来纯洁、净化党的组织和血液，显然并不意味着要把这一整套制度直接照搬到社会治理中去。我们搞"八项规定"，反"四风"，并不等于要将其直接地运用于普通群众中去。我们搞党性教育，特别是进行共产主义理想信念的教育，并不等于在当前的政策实践中要立即实行。例如：2018年，在《共产党宣言》发表170周年之际，中共中央集体学习《共产党宣言》。这对于一个马克思主义政党，是再正常不过的事。但是，互联网上却有一种声音对《宣言》中的"共产党人可以用一句话把自己的理论概括起来：消灭私有制"进行过度解释，造成了部分民营企业的担忧，影响经济稳定。在全面从严治党的号角吹响的新时代，更要注意这二者的关系，特别是在意识形态领域做好宣传、解释工作，警惕"低级红""高级黑""帮倒忙"的现象，避免进入认识误区，产生思想混乱，引起人心恐慌。

继承新中国前30年毛泽东时代创造的建设伟绩，接续后四十余年邓小平时代开启的改革征程，中国特色社会主义进入新时代。这个新时代，是中国人民和中华民族由站起来、富起来到强起来的新时代，是日月经天、江河行地、大气磅礴、前景光明的新时代，是值得海内外中华儿女和全世界期待和瞩目的新时代。中国特色社会主义进入新时代，意味着中国走近世界舞台的中央，现代化和民族复兴的百年梦想将变成现实。作为中国工人阶级、中国人民和中华民族的先锋队，中国共产党有魄力、有智慧、有信心、有能力团结和带领全国人民，将中国特色社会主义事业的巨轮驶向成功和胜利的彼岸。

时代是一个风起云涌的历史大舞台，身处其中的人们既是历史的剧作者，也是历史的剧中人。从中走出而又深深地扎根于群众中的时代英雄，是时代精神的领会者、表达者和践行者，也是擘画时代蓝图的设计师，更是总揽时代全局的领路人。他们把个体的力量汇聚成集体的合力，他们把个体的智慧凝聚成集体的智慧，从而推动时代的车轮滚滚向前，人类社会不断进步。纽约大学政治系终身教授，中美关系、亚太政治研究领域资深专家熊玠指出：

> 伟大的历史英雄必须要站在历史舞台上才能凸显出来。从现在起到本世纪中叶，是人类文明进入新千年后最为重要的时刻，人类的命运取决于世界各国人民的共同意志，也取决于各国政治家对航向的掌控能力。中国正在演出人类历史从未有过的改革大潮，站在这部大剧舞台中央的习近平，将如何开启属于自己的时代，值得全世界一同期待。①

---

① 熊玠.习近平时代[M].北京：中共中央党校出版社，2016：43.

第五章
正道沧桑换人间：
中国特色社会主义启迪世界

"东方风来满眼春。"中国特色社会主义的发展和成绩，不仅对中国人民和中华民族具有重大历史意义，也将对世界格局和全人类产生深远的影响：一是为发展中国家实现现代化提供借鉴，二是开拓世界社会主义发展的新空间，三是有利于推动共建人类命运共同体。中国特色社会主义是推动当代中国发展的"正道"，社会主义中国的崛起对于世界和平和人类发展是一件幸事。

第五章 正道沧桑换人间：中国特色社会主义启迪世界

第一节 为发展中国家贡献"中国经验"

早在18世纪，启蒙思想家就把中国的政治经济文化模式视为西方的榜样。托克维尔甚至说，中国是"可供世界各国仿效的最完美的典范。他们心目中的中国政府好比是后来全体法国人心目中的英国和美国"①。但是近代以来，中国变成了一个积贫积弱、任人宰割的"老大国家"，不仅失去了"万邦来朝""用夏变夷"的文化优越感，而且不得不颠倒原有的"师生"身份，不得不"师夷自强""貌孔心夷""以夷变夏"。经过100多年的抗争探索，中国选择了社会主义道路，实现了民族独立，并通过社会主义现代化实现了由富起来到强起来的转变，这使得中国这样一个大国有了体现大国担当、为世界贡献智慧力量的充沛底气。

西方文明的自我优越感和意识形态上的强势，致使其现代化理论表现出西方中心论的色彩。一是现代化唯西方论。一些学者通过西方和非西方社会文化的对比指出，只有西方或具有西方特质的地区才能走上现代化道路。马克

---

① 亚历西斯·德·托克维尔.旧制度与大革命［M］.冯棠，译.北京：商务印书馆，1992：198.

斯·韦伯认为，只有基督教文化背景的西欧及其移民国家才能实现现代化。二是现代化等于西方化论。有学者认为，现代西方发展起来的资本主义，不论在量的范围，还是在类型、形式及方向上都是其他任何地方从未有过的，非西方国家只有按照西方道路才能实现现代化。三是现代化的西方普世论。有学者认为，西欧和英语民族所产生的政治、经济、社会制度模式，最能适应现代生活，最具普世意义，任何想要实现现代化的国家都应采用西方的制度。

在现代化过程中，后发外生型国家必然面临选择何种理论和规划何种蓝图的问题。是追随、模仿，甚至复制西方的现代化模式，还是反思西方现代化，走自己的路？二战后，摆脱殖民统治新兴独立的亚非拉国家和地区的发展问题，成为世界瞩目的问题。西方学者，特别是美国学者，极力鼓吹西方的现代化模式，吸引落后国家以西为师。发展经济学开拓者、经济史家沃尔特·W.罗斯托（Walt W. Rostow）于1960年出版了《经济成长的阶段》，该书把现代社会的形成划分为传统社会、为起飞创造前提条件、起飞、向成熟推进、高额大众消费五个阶段，认为一国经济一旦"起飞"进入经济持续增长的阶段，就应模仿美国这一现代化的国际样板，而美国的责任就是靠它影响事态发展的能力在世界各地区帮助处于现代化进程中的国家维护主权完整和独立自主。

发展中国家在现代化过程中必然面临选择何种理论、

规划何种蓝图的问题：是模仿、复制西方的现代化模式，还是反思西方现代化、走自己的路？历史表明，鞋子是否合适，只有脚才知道。全世界不同国家历史文化条件的多样性，决定了每个国家现代化道路的多样性。西方国家只是现代化的先行者，而不是不容置疑的唯一现代化范本，更不能成为评价其他国家现代化成败得失的标准。削足适履式的照搬照抄只能使一个国家的发展进退失据。很多发展中国家照搬照抄西方模式，不仅没有实现现代化，反而失去了独立自主的地位，甚至陷入发展停滞、政局动荡、社会失序的"泥淖"。近代中国在选择"西天取经"失败后，走上了社会主义现代化道路，创造了现代化的"东方宝典"，为发展中国家实现现代化拓宽了道路，提供了经验。

首先，现代化应当建立在国家独立自主和国家统一的基础之上。

19世纪中叶到20世纪初，随着先发资本主义国家进入帝国主义阶段，资本主义世界体系逐步形成。在西方国家的侵略和瓜分的刺激下，资本主义现代化道路一度成为中国人的选择。不过，对于半殖民地半封建的中国而言，其现代化是局部性、碎片化的，在地域上往往被限制在中国东部和沿江沿海城市，在产业上往往被限制在部分轻工业、运输业和服务业领域，政治制度、社会治理、文化生活、国民心理的现代化根本无从谈起。即使在这种畸形的状态下，中国的现代化仍然"受制于人"，只能为列强的利益分包生产，随时存在被打断、被破坏的可能性。中国选择社会主义现代化道路的必然性恰恰在于中国选择资本主义现代化的不可能性，只有社会主义才能让中国实现救亡图存、独立统一和国家富强。中国社会主义道路的成功开辟表明，一国的现代化和其独立统一是关联在一起的，现代化需要独立统一为前提，而独立统一则需要现代化作为保障，只有在独立、自主、统一的基础上自力更生，艰苦创业，才能赢得现代化建设的主动权和主导权，才能真正实现现代化的愿景和目标。

其次，现代化应合理制定战略目标、总体步骤和科学方案。

现代化是一个全面而系统的工程，不是一蹴而就的。中国的现代化道路能够取得今天的成就，关键在于有中国共产党集中统一的坚强领导。党始终发挥总揽全局、协调各方的功能，从战略高度制定符合中国国情的发展目标和科学战略。从新中国成立之初的"一五计划"到"十四五"规划，从战略"三步走"到新时代的新"两步走"，从全面建成小康社会到全面建设社会主义现代化强国，中国的社会主义现代化建设事业始终初心不改、分阶段有步骤地循序推进。特别是十八大以来，为适应全面、深入、高水平现代化建设的节拍，中国共产党创造性地提出了统筹推进"五位一体"总体布局和协调推进"四个全面"战略布局的要求，力争把中国建设成为富强、民主、文明、和谐、美丽的社会主义现代化强国，稳步推动了中国社会的现代转型和实现对西方国家的赶超，开创了社会主义现代化事业的新局面。为实现现代化的长远目标，推动集中力量办大事，党和国家制定了科学的理论方案、制度方案和行动方案，确保现代化进程顺利推进。

从理论上看，党始终坚持马克思主义的指导，把马克思主义普遍真理和中国具体实际相结合，推动马克思主义中国化、时代化、大众化，推动中国化马克思主义的发展。从制度安排上看，人民代表大会制度有力保障了人民当家做主的权利，避免西方选举前有权利、选举后权利空置的问题；政治协商制度、统一战线制度、新型政党制度等有利于团结党内外、体制内外、海内外各方，凝智聚力，同心同向同行；民族区域自治制度，有利于维护国家统一和保障少数民族管理本民族事务，建立平等、团结、互助、和谐的社会关系；我国实行以公有制为主体、多种所有制经济共同发展的基本经济制度，把建立健全社会主义市场经济体系和优化国家宏观调控结合起来，既保障了集中力量办大事，又保障了各种社会力量的活力。从行动策略来看，我国把发挥国家顶层设计的引领作用与底层的智慧活力结合起来，通过试验试点的方式来探索经验、总结经验、推广经验，做到了现代化建设的普遍性与特殊性的统一；把对内改革与对外开放结合起来，在以我为主的基础上吸收外来，充分利用一切先进成果推动中国社会的改革和进步，等等。这一系列经验为发展中国家的现代化提供了借鉴。

第三，现代化应回归并发掘自身内部的主体性力量。

费正清在《中国与美国》等著作中提出了中国近代史的"冲击—反应"模式。这一理论认为，传统中国社会长期为一种巨大的惰性所牵绊，是"一潭绝望的死水"。只是在西方侵略的强烈冲击下，中国才做出缓慢而迟钝的回应，才逐渐由传统社会步入近现代社会。这一解释模型后来在西方学界获得认同。但是到了20世纪90年代，费正清却指出，中国现代化的模式很可能不是"冲击—反应"的结果，而是自身内在基因变革的结果，即中国的发展具有内在性的动力源。中国的现代化究竟是"冲击—反应"的被动型呢？还是依靠内在因素驱动的主动型呢？必须承认，近代以来的中国现代化在客观上是被动开启的，但这并不意味着现代化的动力完全是西方性的。传统因素的现代激活是中国推动现代化的重要动力。例如：封建社会积累的大量人口，在传统农业主导下只能是一种"过密式""内卷化""非质变"的缓慢进步，而在科技革命、工业生产和商品经济发展起来后，这些人口却能转换为劳动力和消费动力，产生集聚优势，形成超大规模效应。再如：中国人的家国同构、家国天下的观念在传统的宗法社会产生的是安土重迁、重义轻利、压抑个体等观念，但在户籍限制被打破、交通更加便利、市场不断扩大的开放条件下，人们对家庭、对集体、对家国的"无限"责任就会转化为对国家实现现代化的奋斗激情。20世纪60年代，亚洲"四小龙"步入现代化，就被认为儒家优秀传统文化及其价值力量推动的结果。目前,中国的现代化已经由"刺激—反应""追随—模仿"走向了"赶超—引领"的道路。这一道路的核心在于,中国特色社会主义现代化是在现代性的内在矛盾、冲突、困境背景下,植根于中国的历史变迁、文化传统和经济社会发展选择的中国道路,它立足于工具理性和价值理性统一的实践理性,强调个体与社会相统一的关系思维,重视传统与现代统一的辩证方法,有效地处理了价值与行动、开放与坚守、秩序与活力之间的关系,孕育着一种新型的现代文明形态的可能性。

第二节 开拓世界社会主义发展的新空间

中共十九大报告指出："中国特色社会主义进入新时代，意味着近代以来久经磨难的中华民族迎来了从站起来、富起来到强起来的伟大飞跃，迎来了实现中华民族伟大复兴的光明前景；意味着科学社会主义在二十一世纪的中国焕发出强大生机活力，在世界上高高举起了中国特色社会主义伟大旗帜……"中华文明在近代与世界社会主义大潮交汇激荡，形成世界文明史上一大奇观。从雄关如铁、筚路蓝缕，到风景独好、旗帜高扬，科学社会主义在古老而常新的中国大地上焕发出蓬勃的生机。960多万平方千米土地，超过14亿人民，9000多万中国共产党党员——一个领土面积世界第三、人口总数世界第一、执政党党员数量世界第一的国家，选择了社会主义，走出中国特色社会主义道路。这是世界社会主义运动史和国际共产主义运动史上的大事，也是中国近现代史和中华民族史上的大事，更是世界文明史和世界现代史上的大事。

曾经，世界经济政治格局发生了复杂、深刻、急剧的变化，世界上追求真理、追求进步的人们一度陷入迷惘。1989年，一方面是东欧剧变和苏联解体，世界社会主义事业遭遇严重挫折；另一方面则是西式"自由民主"被很多人看好。甚至有人妄称，社会主义中国也将随着"多米诺骨牌效应"而倒下。在这种情况下，如何评价资本主义和社会主义的前途和命运，成为理论界关注的焦点问题。福山在美国的《国家利益》杂志上发表了《历史的终结与最后的人》，指出冷战结束后，资本主义将最终取代共产主义，成为人类社会发展的唯一选择；自由民主制度是"人类意识形态发展的终点"和"人类最后一种统治形式"。福山的"历史终结论"具有强烈的黑格尔历史哲学色彩，只不过黑格尔将世界历史看作绝对精神自我异化、自我实现和自我回归的历史，而福山则把人类历史看作以自由民主制度为方向并终结于自由民主的历史。"历史终结论"体现了20世纪80年代末90年代初资本主义世界普遍的乐观主义和大胆的理论创设，但仅以社会主义阵营之解体这一事件就预测人类未来几百年、几千年，甚至几万年的发展前途，未免具有太强的乌托邦色彩。事实上，历史不可能被终结，也不会终结。而1989年到2019年这31年世界的变化，即使得"历史终结论"在理论上和实践上被历史地终结。资本主义陷入霸权主义、否决型政治、民粹主义、人道主义危机等问题的泥淖之中，其现代性计划处于"艰难时刻"。

中国的社会主义现代性构建却独树一帜，显示出强大的优越性和生命力。一方面，西方自由资本主义并没有继续保持线性的发展，而是遭遇了一系列危机。2008年，由于美国次贷危机引起世界性金融危机,马克思的《资本论》重新登上西方国家畅销书籍排行榜,一时"洛阳纸贵"。2014年,法国经济学家皮凯蒂撰写《21世纪资本论》指出,在自由主义经济条件下,由于资本回报率总是高于经济增长率和劳动力回报率,贫富差距扩大不可避免,由此形成一种"拼爹式的资本主义"。可见,资本主义制度无法克服生产社会化与生产资料私有制之间的矛盾,也就无法解决虚拟经济与实体经济发展脱节、货币供应失衡和金融投机猖獗的问题。同时,受制于资本家利益和政党集团利益的驱使,西方的民主政治走向了金钱政治、否决型政治,从而导致人民主权的虚置、公共政治的寡头化和民主绩效的幻灭。近年来,难民潮泛滥,民粹主义抬头,种族主义爆发,社会福利萎缩,社会公正缺失,更使西方资本主义的民主政治陷入了进退维谷的困境。美国学者乔舒亚·柯兰齐克在其新著《撤退中的民主》一书中指出,民主化的失败并非个案,西式民主制度正在全球范围内大举衰退,即便在民主根基较深厚的国家,对民主程序感到幻灭的民众数量近几年也出现爆炸式增长。由于资本逻辑资本权力在社会生活各个方面的全面渗透和全面控制,资本主义从内部进行自我矫正和自我修复变得越来越困难。所以,历史不可能被资本主义终结也不会被资本主义终结。另一方面,中国却在社会主义处于低潮时期站稳了阵脚,顶住了冲击,挺直了腰杆,以磅礴的力量推动科学社会主义事业在曲折中奋起。20世纪80年代以来,

第五章　正道沧桑换人间：中国特色社会主义启迪世界

中国有效处置政治风波、顽强抵御洪涝地震灾害、积极应对金融风暴，主动调整发展速度，优化经济结构，转变增长方式，在新常态下实现了经济稳步增长和社会文明进步。进入新时代，中国共产党团结带领中国人民，解决了许多长期以来想解决而没有解决的难题，办成了许多过去想办而没有办成的大事，推动党和国家事业取得历史性成就、发生历史性变革。党的面貌、国家的面貌、社会的面貌焕然一新，科学社会主义事业的面貌焕然一新。中国特色社会主义道路越走越宽阔、越走越光明，使世界范围内两种意识形态、两种社会制度的较量，发生了有利于马克思主义、有利于社会主义的深刻转变，世界上正视、重视和相信社会主义的人越来越多。这对马克思主义和社会主义在中国的发展具有重要意义，同时对于世界社会主义发展和全人类进步也具有重要意义。

近代以来，中国现代化运动的愿景，无非是建立既超越西方现代性又扬弃自身文化传统的现代文明范式。它必须在资本主义、社会主义、传统文化构成的"古今中西"框架中，以"不忘本来、吸收外来、面向未来"为原则，建构一整套现代的经济、军事、政治、社会、外交制度，以及一整套与现代化全球化相适应的文化价值体系（如自由、平等、多元、正义、民主等）。也就是说，中国现代文明的转型，对内要构建现代性的社会秩序和心灵秩序；对外则要超越"民族—国家"，建构多元共生、公正平等、包容互惠的人类命运共同体。在苏联解体、社会主义现代性构建遭遇"尴尬"和"挫折"后,中国特色社会主义的发展,寻找到了一条超越资本主义现代性的文明转型道路。借用哈贝马斯的说法,当下中国对社会主义现代性建构仍是一项"尚未完成的计划"。对此,应当保持谨慎乐观的态度,保持理性批判的反思精神,通过一代人,乃至几代人的努力,谱写社会主义现代化和民族复兴的历史新篇章。

第三节　推动构建人类命运共同体

1964年,坦桑尼亚和赞比亚相继独立,他们迫切需要修筑一条铁路以支持经济发展和维护政治独立。最初,坦赞政府找到美国和苏联寻求援助,但都遭到了拒绝。最终,中国顶住"国力吃紧"的压力,自1970年派出5万多名铁路建设者,耗费6年,最终建造了举世瞩目的坦赞铁路。这条铁路修好后由于坦赞关系的变化、运营不力等因素,利用率并不高。有人因此指责中国领导人"不量国力""不懂经济"。殊不知,这一工程使中非人民同甘共苦,心心相印。1971年10月25日,联合国第二十六届大会以压倒性多数,通过了阿尔巴尼亚、阿尔及利亚等23国关于恢复中华人民共和国在联合国一切合法权利的提案。绝大多数非洲国家为中国投了赞成票,坦桑尼亚代表甚至穿着中山装参与投票。毛泽东说,中国能够恢复在联合国的合法地位,主要是第三世界兄弟把我们抬进去的。正所谓:"千里难寻是朋友,朋友多了路好走。"中国的朋友能够"遍天下",就在于抛弃了"只算经济账,不算政治账"的商人型政治理念。坦赞铁路不仅成为早期中国对外援助的丰碑,也是中国促进世界和平和共同发展的典范，更可以视为新中国早期推动建立人类命运共同体的初步尝试。

　　进入21世纪上半叶，世界经济重心逐渐从北大西洋转向太平洋，世界政治格局逐渐走向非西方化与多极化并行，全球化和逆全球化两种力量相互激荡，不同类型文化相互独立，相互冲突，贸易保护主义、孤立主义、民粹主义、贫富分化等问题日益严重。人类面临百年未有之大变局。"世界怎么了？""我们怎么办？"是摆在中国面前的突出问题。立足于近100年来"谋幸福、谋复兴、谋大同"的初心和使命，中国共产党人提出构建人类命运共同体的理念，具有重大的时代价值和世界意义。

　　走向人类命运共同体，是当代国际关系发展的必然趋势。国际关系的主要内容是国家与国家之间的关系。历史地看，这种关系的发展和演变大致经历了三个阶段：一是中古时期，不同类型的人类文明由点到面、到圈地扩展，不同国家逐渐打破原有的孤立狭窄的交往范围，开始与地理邻近的国家发生交往关系。但由于不同民族早期强烈的自我认同意识和排他性，这种交往具有偶然性和任意性，国与国之间表现为松散的地缘关系联结。二是近代以来，随着资本主义生产方式和交往方式的发展，国际分工与合作日益深化，世界市场逐渐形成，人类之间的联系前所未有地密切起来，民族国家的历史也转变为世界历史。但是以资本、货币为中心的全球化在将全世界联系在一起的同时，也造成了资产阶级与无产阶级、宗主

第五章　正道沧桑换人间：中国特色社会主义启迪世界

国与殖民地之间的矛盾和分裂，所以在民族国家之间形成了一种单极化的、"中心—边缘"的依附共同体模式。三是21世纪以来，随着经济全球化、政治多极化和文化多元化的发展，国家政策的"外部性"日益凸显。一国政策的实施和实现，既会对别国产生"外部性"效应，同时也会受到别国行为"外部性"的影响。正的"外部性"可以促进国际关系的有序发展，反之则不然。人类共同面临的生态环境问题、健康疾病问题、恐怖主义问题、难民问题等日趋严重，这些问题往往跨越国境，超出了意识形态分歧，使人类能够在更加具体和整体的意义上感受到"福祸相依""患难与共"。不同的国家只有本着相互尊重、共同协商、共享成果的原则，建立国际新秩序，建立利益共同体、责任共同体、价值共同体，才能有效地解决上述问题，促进人类社会健康、繁荣和可持续发展。因此，超越国际关系的无政府状态，超越主权国家的自我中心主义，构建人类命运共同体就成为世界发展的趋势。

推动构建人类命运共同体，源自中国共产党的外交战略和国际统一战线实践。20世纪70年代，以毛泽东同志为代表的中国共产党人，根据当时两极分化的国际格局，提出了"三个世界"战略构想，强调第三世界国家应当团结起来，联合第二世界中的进步力量，共同抵御美苏第一世界的霸权主义和战争行为。该构想为发展中国家之间建立平等、友好、合作、进步的外交关系奠定了理论基础，同时也包含着丰富的国际统战思想和人类命运共同体理念。以邓小平同志为代表的中国共产党人，在"三个世界"的思想的指引下，根据当时的国际形势，作出了"和平与发展成为当代的两大问题"的研判，主张中国一方面要对内改革，另一方面要对外开放，坚持"和平共处五项原则"，努力推动国际政治经济新秩序的构建。在中国主动融入全球化的过程中，"东西"的意识形态问题逐渐弱化，"南北"的经济发展问题则成为焦点。以江泽民同志为代表的中国共产党人，在科学分析当时世界矛盾、深刻认识和平与战争因素的基础上，指出正确处理国际关系应当做到政治上相互协商、经济上相互促进、安全上相互信任、文化上相互借鉴，反对霸权主义和强权政治，进一步深化了构建国际新秩序的理论。以胡锦涛同志为代表的中国共产党人，坚持求和平、谋发展、促合作的外交理念，主张在国际关系中弘扬平等互信、包容互鉴、合作共赢的精神，共同维护国际公平正义。党的十八大又提出了构建和谐世界和人类命运共同体的中国方案。十八大以来，以习近平同志为核心的党中央，立足中国、放眼世界，审时度势、总揽全局，从政治、经济、安全、文化、生态"五位一体"的角度阐述了构建人类命运共同体的总布局和总路径。党的十九大报告将"坚持和平发展道路，推动构建人类命运共同体"作为建设新时代中国特色社会主义的基本方略之一。报告指出，构建人类命运共同体，就要尊重世界文明多样性，就要以文明交流超越文明隔阂，文明互鉴超越文明冲突，文明共存超越文明优越。各国人民同心协力，建设持久和平、普遍安全、共同繁荣、开放包容、清洁美丽的世界。

推进构建人类命运共同体，为全球治理提供了中国方案。就国家治理而言，由于民族—国家是构成国际关系的基本要素，良好的民族—国家共同体无疑是构建人类命运共同体的必要前提。只有在民族—国家层面正确认识人与自然、人与社会、人与自身的关系，增强家庭、族群、社群、社会等共同体的自我组织、自我管理、自我实现的能力，才能真正确立共同体内部的生命意志认同、价值文化认同、经济利益认同、社会政治认同，从而提升社会治理效率，促进国家治理能力的现代化。党的十八大以来，习近平总书记在治国理政的过程中，从共同体理念的角度全面阐述了国家治理和社会治理的问题，如强调人与山水自然是一个生命共同体，强调良好家风对家庭和社会健康发展的作用，强调基层组织自治对社会治理创新的意义，强调互联网构成为人类的网络空间命运共同体，强调大陆与台湾是血脉相连的命运共同体，强调中华民族命运共同体意识对民族复兴的积极意义，等等。这些治理构想和措施从微观到宏观、从局部到整体、从眼前到长远的角度提升了国家的治理能力，确立了中国社会主义的道路自信、理论自信、制度自信和文化自信，也增强了中国经验、中国模式在世界范围的说服力和吸引力。就全球治理而言，人类命运共同体理念为解决国际问题提供了中国方案。一方面，树立了国际交往合作的共同价值和基本原则。不同民族国家之间的分歧从经济上看是利益分歧，从文化层面上看却是价值观的分歧。2015年9月28日，习近平主席在第七十届联合国大会一般性辩论时的讲话中指出，和平、发展、公平、正义、民主、自由，是全人类的共同价值。只有真正树立全人类的共同价值，才能反对国际社会中的丛林法则和冷战思维，反对零和博弈、一家独大、赢者通吃，从而建立社会包容共处、政治合作共赢、经济互利共享、生态和谐共生、文化互鉴共融的人类命运共同体。另一方面，提供了建立人类命运共同体的实践方案。人类命运共同体不是一个抽象空洞的口号，而是现实的、具体的实践方案。在时间上，它要求过去、现在、未来一脉相承。也就是说，各个国家要正确认识彼此的历史和现状，立足当下，放眼未来，多一分交流，多一分理解，多一分包容，多一分合作，多一分和平，多一分发展，促进利益共同体和命运共同体的建设。例如：在建立亚洲共同体的过程中，我国坚持历史事实、现实状况和未来发展相统一的原则处理与周边国家的关系，并取得了良好的效果。在空间上，它要求你中有我，我中有你，做到利益交融，兴衰相伴，安危与共。本着此原则，习近平总书记提出了建立国与国之间、区域内部、区域之间的命运共同体的战略构想，如中国—巴基斯坦命运共同体、中国—越南命运共同体、亚洲命运共同体、亚太命运共同体、中国—东盟命运共同体、中国—阿拉伯命运共同体、中国—拉美命运共同体，以及"一带一路"沿线命运共同体，等等，这些都是建立人类命运共同体的重大探索和实践。今天中国提出"一带一路"倡议,可谓是新中国成立以来中国最宏大最壮伟的国际项目。这一项目是中国作为世界上最大的发展中国家、人口最多的国家、第二大经济体对自身责任的自觉意识和主动承担。通过"一带一路"倡议,中国将搭建国际合作新平台,推动世界经济共同发展,以实际行动推动构建人类命运共同体。

推动构建人类命运共同体,植根于马克思主义共同体理论与优秀中华文化的创造性结合。在当前的马克思主义理论界,马克思的哲学理论、资本逻辑理论、三形态理论、全球化与世界历史理论以及人的解放和全面发展理论更加广受学术界重视,传统文化的复兴特别是"天下""大同"等相关理论的激活,为人类命运共同体理论奠定了中华文化基础。马克思主义认为,在以私有制为基础、以异化劳动和强制分工为条件、以物化的单子化个人为元素的资产阶级市民社会,国家不过是把少数人的利益打扮为普遍利益的虚假的共同体,所谓自由、平等不过是徒有表面形式而无实际内容。而在共产主义社会,随着私有制的消灭、生产力的极大发展、自由时间的高度充裕,自由劳动、自由分工将逐步实现,人类将建立真正的共同体——自由人的联合体,自由、平等、正义将获得实质性实现。中华传统文化中包含着丰富的人类命运共同体思想,如"生生谓易,民胞物与"的仁爱情怀,"怀柔远人、协和万邦"的天下观念,"大道之行、天下为公"的大同理想,"求同存异、和而不同"的包容态度,"执两用中、明体达用"的处世智慧,等等。马克思主义共同体与中华传统文化的契合性,无疑构成了人类命运共同体理论的理论源泉。

构建人类命运共同体,就是要开创中国特色大国外交新局面,构建美好世界。人类命运共同体的时空指向是整个世界和人类长远发展,构建主体是世界各国及其向往美好生活的人民,最终目标是建立超越制度共同体的命运共同体。中国作为人类命运共同体的倡导者、推动者,在构建人类命运共同体过程中应勇担责任、争做表率。其一,坚持独立自主、和平崛起的发展道路。在由富到强的过程中,中国将始终坚持富而不骄、强而不霸的原则,不干涉他国内政,不"输出"中国模式,不做世界的领导者、掠夺者、控制者,主要依靠自身的智慧、力量、资源实现人民对美好生活的向往,把自身打造成一个命运共同体的典范。其二,坚持对外开放,积极推动经济全球化进程。中国的发展离不开世界,世界的发展需要中国。在统筹民族复兴大局和百年未有之大变局两个大局的过程中,中国应继续坚持对外开放的基本国策,自觉参与和扩大国际分工与协作,做经济全球化的坚定支持者和推动者。其三,积极为发展中国家贡献现代化经验。在构建人类命运共同体过程中,中国将始终积极推动发展中国家的现代化历程。近代中国在选择"西天取经"失败后,走上了社会主义现代化道路,为发展中国家实现现代化拓宽了道路,提供了经验。其四，强化国际责任，推动国际公共产品的提供。国际公共产品是一种原则上能使不同地区的许多国家的人口乃至世界所有人口受益的公共产品，具有受益的非排他性和消费上的非竞争性。受制于自由主义和霸权主义的狭隘特性，西方大国并不愿意积极主动承担国际公共产品提供，在对抗全球性疾病（如新型冠状病毒肺炎）、贫困、自然灾害、生态环境问题等方面尤为明显。对此，中国一方面应当根据自身国力和发展情况，主动承担相应的国际责任和国际义务。另一方面，应当积极推动公正合理国际秩序的建立，推动国际公共产品供给走上正轨。其五，以斗争求团结，提升构建人类命运共同体的战略策略。首先，要积极应对和反击意识形态领域有关"中国威胁论""中国争霸论""共产主义恐怖论"等论调，以及"狭隘民族主义论""战略忽悠论""中国中心论"等言论，构建中国特色大国外交的话语体系，不断增强国家软实力。其次，遵循"人不犯我，我不犯人；人若犯我，我必犯人"的原则，以直报怨，自觉抵御单边主义、孤立主义、保护主义，维护国家利益和世界发展的整体利益。最后，坚持人类命运共同体的社会主义和国际主义战略指向，坚持底线思维、全局思维和历史思维，增强对全球化局势和资本逻辑的驾驭能力，审时度势地制定针对自由主义、资本主义、帝国主义的战略，反对霸权主义和强权政治对国际秩序的威胁。

总之，随着经济全球化、政治多极化、信息社会化、文化多元化趋势的加剧，古代与现代、东方与西方、中心与边缘等各种因素的深刻互动，不同文明形态、不同国家、不同地区、不同民族之间的交流达到前所未有的深度和广度，同时也面临着各种分歧、矛盾和冲突。在这种情况下，中国共产党人提出构建人类命运共同体的理念，主张"利益交融、兴衰相伴、安危与共"的整体意识，倡导"共商、共建、共享"合作原则，努力构建公正合理、互鉴共荣的国际新秩序。这不仅继承并发展了马克思主义共同体理论，而且为国家治理体系现代化和全球治理体系现代化贡献了中国方案。①

---

① 董彪.马克思主义共同体理论与人类命运共同体[C]//中央社会主义学院马克思主义理论教研部.马克思主义中国化研究：第一辑.北京：中国言实出版社，2018：176-179.

结　语

中国走社会主义道路，是历史的选择。历史已经证明并将继续证明，只有社会主义才能救中国，只有中国特色社会主义才能发展中国，只有坚持和发展中国特色社会主义才能实现中华民族伟大复兴。

进入新时代，中国面临着百年未有之大变局。梁启超认为，近代中国将由"中国之中国""亚洲之中国"变成"世界之中国"。从晚清到新中国成立这100多年间，中国被迫进入资本主义世界体系，成为世界大家庭的一员，但此时的中国处于世界舞台的边缘位置，积贫积弱、愚昧落后、保守封闭带来的是"挨打""挨饿""挨骂"。从新中国成立到中国特色社会主义进入新时代，中华民族迎来了由站起来、富起来到强起来的沧桑巨变。

"闲云潭影日悠悠，物换星移几度秋。"在新时代，中国早已从走出晚清的"三千年未有之大变局"，进入"世界百年未有之大变局"。同为变局，中国面临的世势和国运却是完全不同的。今天，世界格局面临深入调整。西方资本主义主宰500年的世界中心正在发生转移，世界经济重心逐渐从北大西洋转向太平洋，世界政治格局正由以西方为中心转向非西方化与多极化并行,全球化主要推动力正在重组,新兴国家逐渐成为全球治理的重要角色。

新时代的中国,已经超越封建时代的"天下"国家,近代以来的民族国家、阶级国家的国家形态,成为崭新的富有世界主义和和平主义精神的文明型国家。中国主动扩大对外开放,积极拥抱全球化,努力推动人类命运共同体的构建,中国逐渐走向世界舞台的中央,中华民族越来越以自信的姿态屹立于世界民族之林,并为人类贡献中国经验、中国智慧和中国方案。汤因比和池田大作在《展望二十一世纪——汤因比与池田大作对话录》中指出,在原子能时代,依靠武力将地球广大部分统一起来的传统方法已经难以奏效,只有通过地理和文化主轴为中心,通过和平的方式才能将世界统一。而这种和平统一的主轴不是西方民族,而是"两千年来培育了独特思维方法的中华民族"。哈佛大学教授尼尔·弗格森在2010年发表的《全球力量格局向东倾斜的10年》一文中指出,人类现在正在经历的是西方主导世界500年的尾声。这一次,不论从经济上还是从地缘政治上来讲,来自东方的挑战真真切切,其中有一点非常确定:"中国不再是学徒了。"

1935年10月,毛泽东在红军走完长征最后一段时,写下了词作《念奴娇·昆仑》。

> 横空出世,莽昆仑,阅尽人间春色。飞起玉龙三百万,搅得周天寒彻。夏日消溶,江河横溢,人

结　语

或为鱼鳖。千秋功罪，谁人曾与评说？

　　而今我谓昆仑，不要这高，不要这多雪。安得倚天抽宝剑，把汝裁为三截。一截遗欧，一截赠美，一截还东国①。太平世界，环球同此凉热。

1958年12月21日，毛泽东曾对《念奴娇·昆仑》做批注："昆仑：主题思想是反对帝国主义，不是别的。改一句：一截留中国，改为一截还东国。忘记了日本人是不对的。这样，英、美、日都涉及了。别的解释，不合实际。"② 这首词上阕既对昆仑山这一自然景观做艺术描写，也隐喻了旧世界给人民带来的苦难；下阕则通过"安得倚天抽宝剑"表达了反对帝国主义、进行世界革命的志向。"太平世界，环球同此凉热"，字面意思背后隐藏着一种诗意的预测，未来社会中正而行的大道必将普行于全人类。"环球同此凉热"，用中国古人的语言来说，就是"天下大同"的理想；用今天中国倡导的理念来说，就是"人类命运共同体"。

---

① 还东国：首次发表时原作为"留中国"，1963年版《毛主席诗词》改为"还东国"。
② 中共中央文献研究室.毛泽东年谱（一九四九——一九七六）：第三卷［M］.修订本.北京：中央文献出版社，2013：561.

参考文献

1. "名家领读经典"课题组.人民公开课:中国共产党与国家治理体系和治理能力现代化[C].杭州:浙江人民出版社,2018.

2.《社会主义"有点潮"》节目组.社会主义"有点潮"[M].北京:人民出版社,长沙:湖南人民出版社,2018.

3. 阿诺德·汤因比,池田大作.展望二十一世纪——汤因比与池田大作对话录[M].荀春生,等译.北京:国际文化出版公司,1997.

4. 艾瑞克·霍布斯鲍姆.资本的年代:1848—1875[M].张晓华,译.北京:中信出版社,2014.

5. 奥斯瓦尔德·斯宾格勒.西方的没落[M].齐世荣,田农,等译.北京:商务印书馆,2001.

6. 陈独秀.陈独秀文集:第一卷[M].北京:人民出版社,2013.

7. 陈培永.中国改革大逻辑[M].广州:广东人民出版社,2018.

8. 大卫·哈维.新自由主义简史[M].王钦,译.上海:上海译文出版社,2010.

9. 邓小平.邓小平文选：第二卷［M］.2版.北京：人民出版社，1994.

10. 邓小平.邓小平文选：第三卷［M］.北京：人民出版社，1993.

11. 董彪，张茂钰.生态危机的人学反思——兼论"绿色发展观"［J］.求实，2017（4）.

12. 董彪.马克思思想形象的中国构建［J］.理论视野，2018（4）.

13. 方红.马克思主义在中国的早期翻译与传播：从19世纪晚期至1920年［M］.上海：上海三联书店，2016.

14. 方志敏.方志敏全集［M］.北京：人民出版社，2012.

15. 菲利普·克莱顿，贾斯廷·海因泽克.有机马克思主义：生态灾难与资本主义的替代选择［M］.孟献丽，于桂凤，张丽霞，译.北京：人民出版社，2015.

16. 费正清.美国与中国［M］.孙瑞芹，陈泽宪，译.北京：商务印书馆，1971.

17. 丰子义.现代化进程的矛盾与探求［M］.北京：北京出版社，1999.

18. 弗朗西斯·福山.历史的终结与最后的人［M］.陈高华，译.桂林：广西师范大学出版社，2014.

19. 弗里德里希·李斯特.政治经济学的国民体系［M］.陈万熙，译.北京：商务印书馆，2009.

20. 高瑞泉.中国现代精神传统——中国的现代性观念谱系［M］.增补本.上海：上海古籍出版社，2005.

21. 葛兆光.宅兹中国——重建有关"中国"的历史论述［M］.北京：中华书局，2011.

22. 顾海良.马克思在中国［M］.长沙：湖南人民出版社，2018.

23. 顾准.从理想主义到经验主义［M］.北京：光明日报出版社，2013.

24. 韩庆祥，等.哲学思维方式与领导工作方法［M］.北京：中共中央党校出版社，2014.

25. 何传启.东方复兴：现代化的三条道路［M］.北京：商务印书馆，2003.

26. 何宁.淮南子集释［M］.北京：中华书局，1998.

27. 侯中军.近代中国不平等条约及其评判标准的探讨［M］.历史研究，2009（01）.

28. 黄彦.孙中山著作丛书：论民生主义与社会主义［M］.广州：广东人民出版社，2008.

29. 吉尔伯特·罗兹曼.中国的现代化［M］.国家社会科学基金"比较现代化"课题组，译.南京：江苏人民出版社，2014.

30. 纪江红.中国十大帝王藏书：卷三［M］.呼和浩特：内蒙古人民出版社，2002.

31. 蒋廷黻.中国近代史［M］.上海：上海古籍出版社，2006.

32. 解读中国工作室.读懂中国：海外知名学者谈中国新时代［C］.天津：天津人民出版社，2019.

33. 金冲及.二十世纪中国史纲：第一至四卷［M］.北京：社会科学文献出版社，2009.

34. 金观涛，刘青峰.观念史研究：中国现代重要政治术语的形成［M］.北京：法律出版社，2009.

35. 卡尔·波兰尼.巨变：当代政治与经济的起源［M］.黄树民，译.北京：社会科学文献出版社，2013.

36. 康有为.保国会序［G］//汤志钧.康有为政论集：上册.北京：中华书局，1981.

37. 李大钊.李大钊全集：第一至五卷［M］.北京：人民出版社，2013.

38. 李海青.当代中国改革路向［M］.北京：中共中央党校出版社，2012.

39. 李海清."陷阱"一词须慎用［N］.人民日报，2017-12-17（05）.

40. 李季.马克思传：全三册［M］.上海：神州国光社，1949.

41. 李季.我的生平［M］.上海：亚东图书馆，1932.

42. 李学勤.礼记正义：上中下［C］//《十三经注疏》整理委员会.十三经注疏.北京：北京大学出版社，1999：658-659.

43. 李泽厚.中国现代思想史论［M］.北京：生活·读书·新知三联书店，2008.

44. 李拯.中国的改革哲学［M］.北京：中信出版社，2018.

45. 梁启超.戊戌政变记［M］.上海：中华书局，1954.

46. 梁启超.饮冰室合集：全十二册［C］.北京：中华书局，1989.

47. 梁启超.中国之社会主义［N］.新民丛报，1904-02-14.

48. 列宁.列宁选集：第二卷［M］.中共中央马克思恩格斯列宁斯大林著作编译局，译.北京：人民出版社，1972.

49. 列宁.列宁选集：第二卷［M］.中共中央马克思恩格斯列宁斯大林著作编译局，译.北京：人民出版社，1995.

50. 刘禾.世界秩序与文明等级：全球史研究的新路径［C］.北京：生活·读书·新知三联书店，2016.

51. 罗荣渠.现代化新论——世界与中国的现代化进程［M］.北京：北京大学出版社，1993.

52. 吕思勉.中华民族源流史［M］.北京：九州出版社，2009.

53. 马克思，恩格斯.共产党宣言［M］.中共中央马克思恩格斯列宁斯大林著作编译局，译.北京：人民出版社，2014.

54. 马克思，恩格斯.马克思恩格斯全集：第十卷［M］.中共中央马克思恩格斯列宁斯大林著作编译局，译.北京：人民出版社，1998.

55. 马克思，恩格斯.马克思恩格斯全集：第四卷［M］.中共中央马克思恩格斯列宁斯大林著作编译局，译.北京：人民出版社，1958.

56. 马克思, 恩格斯. 马克思恩格斯文集: 第二卷［M］. 中共中央马克思恩格斯列宁斯大林著作编译局, 译. 北京: 人民出版社, 2009.

57. 马克思, 恩格斯. 马克思恩格斯文集: 第九卷［M］. 中共中央马克思恩格斯列宁斯大林著作编译局, 译. 北京: 人民出版社, 2009.

58. 马克思, 恩格斯. 马克思恩格斯文集: 第七卷［M］. 中共中央马克思恩格斯列宁斯大林著作编译局, 译. 北京: 人民出版社, 2009.

59. 马克思, 恩格斯. 马克思恩格斯文集: 第十卷［M］. 中共中央马克思恩格斯列宁斯大林著作编译局, 译. 北京: 人民出版社, 2009.

60. 马克思, 恩格斯. 马克思恩格斯文集: 第五卷［M］. 中共中央马克思恩格斯列宁斯大林著作编译局, 译. 北京: 人民出版社, 2009.

61. 马克思, 恩格斯. 马克思恩格斯选集: 第一至四卷［M］. 中共中央马克思恩格斯列宁斯大林著作编译局, 译. 北京: 人民出版社, 1995.

62. 毛泽东. 毛泽东诗词集［G］. 北京: 中央文献出版社, 1996.

63. 毛泽东. 毛泽东书信选集［M］. 北京: 人民出版社, 1983.

64. 毛泽东. 毛泽东文集: 第七、八卷［M］. 北京: 人民出版社, 1999.

65. 毛泽东.毛泽东选集：第八卷［M］.北京：人民出版社，1999.

66. 毛泽东.毛泽东选集：第一至四卷［M］.北京：人民出版社，1991.

67. 茅海建.天朝的崩溃——鸦片战争再研究［M］.北京：生活·读书·新知三联书店，1995.

68. 尼尔·弗格森.文明［M］.曾贤明，唐颖华，译.北京：中信出版社，2012.

69. 乔根·兰德斯.2052：未来四十年的中国与世界［M］.秦雪征，谭静，叶硕，译.南京：译林出版社，2013.

70. 塞缪尔·P.亨廷顿.变化社会中的政治秩序［M］.王冠华，刘为，等译.北京：生活·读书·新知三联书店，1989.

71. 沈江平."有机马克思主义"是一种新的马克思主义吗［J］.文摘报，2017-02-09（06）.

72. 慎海雄.习近平改革开放思想研究［M］.北京：人民出版社，2018.

73. 施展.枢纽：3000年的中国［M］.桂林：广西师范大学出版社，2019.

74. 孙隆基.中国文化的深层结构［M］.北京：中信出版社，2015.

75. 孙要良.战略思维与领导能力［M］.北京：中共中央党校出版社，2018.

76. 孙冶方.社会主义经济论稿［M］.北京：中国大百科全书出版社，2009.

77. 汤俊峰.增强改革的系统性整体性协同性［N］.经济日报，2018-09-28（07）.

78. 托马斯·弗里德曼.世界又热又平又挤［M］.王玮沁，等译.长沙：湖南科技出版社，2009.

79. 托马斯·克卡朴.社会主义史：上下卷［M］.李季，译.上海：新青年社，1920.

80. 托马斯·莫尔.乌托邦［M］.戴镏龄，译.北京：商务印书馆，1982.

81. 托马斯·皮凯蒂.21世纪资本论［M］.巴曙松，等译.北京：中信出版社，2014.

82. 王东京."三变"改革的学理解释［N］.学习时报，2017-08-25（A5）.

83. 王丽雅.美国人眼中的中国形象［M］.北京：北京大学出版社，2018.

84. 王中江.进化主义在中国的兴起［M］.北京：中国人民大学出版社，2010.

85. 吴敬琏，厉以宁，林毅夫，等.读懂中国改革4：关键五年（2016—2020）［C］.北京：中信出版社，2017.

86. 吴冷西.忆毛主席［M］.北京：新华出版社，1995.

87. 吴晓明.马克思主义中国化与新文明类型的可能性［J］.哲学研究，2019（7）.

88. 习近平.决胜全面建成小康社会 夺取新时代中国特色社会主义伟大胜利——在中国共产党第十九次全国代表大会上的报告［R］.北京：人民出版社，2017.

89. 习近平.习近平谈治国理政：第二卷［M］.北京：外文出版社，2017.

90. 习近平.习近平谈治国理政：第一卷［M］.2版.北京：外文出版社，2018.

91. 习近平.在纪念马克思诞辰200周年大会上的讲话［EB/OL］（2018-05-04）［2020-10-20］.http://www.gov.cn/xinwen/2018-05/04/content_5288061.htm.

92. 习近平.在庆祝改革开放40周年大会上的讲话［EB/OL］.（2018-12-18）［2020-10-21］.http://www.gov.cn/xinwen/2018-12/18/content_5350078.htm.

93. 习近平.在哲学社会科学工作座谈会上的讲话［EB/OL］.（2016-05-17）［2020-10-22］.http://politics.people.com.cn/n1/2016/0518/c1024-28361421-3.html.

94. 谢春涛.历史的轨迹：中国共产党为什么能？［M］.北京：新世界出版社，2012.

95. 熊玠.习近平时代［M］.北京：中共中央党校出版社，2016.

96. 徐中约.中国近代史：1600—2000，中国的奋斗［M］.计秋枫，朱庆葆，译.6版.北京：世界图书出版公司，2008.

97. 许纪霖.现代中国思想史论：上下卷［C］.上海：上海人民出版社，2014.

98. 亚当·斯密.国民财富的性质和原因的研究：上下册［M］.郭大力，王亚南，译.北京：商务印书馆，1974.

99.亚历西斯·德·托克维尔.旧制度与大革命[M].冯棠,译.北京:商务印书馆,1992.

100.阎书钦.苏联经济建设成就对20世纪30年代中国的思想影响[J].中共党史研究,2019(1).

101.杨奎松."中间地带"的革命:国际大背景下看中共成功之道[M].太原:山西人民出版社,2010.

102.袁吉富.和谐发展哲学初探[M].北京:人民出版社,2016.

103.张曙光,等.价值与秩序的重建[M].北京:人民出版社,2016.

104.赵汀阳.天下体系:世界制度哲学导论[M].北京:中国人民大学出版社,2011.

105.郑大华.中国近代民族复兴思潮研究:上下册[M].北京:中国社会科学出版社,2017.

106.中共中央文献研究室.毛泽东年谱(一八九三—一九四九):上卷[M].修订本.北京:中央文献出版社,2013.

107.中共中央文献研究室.毛泽东年谱(一九四九—一九七六):第三卷[M].修订本.北京:中央文献出版社,2013.

108.中共中央文献研究室.十八大以来重要文献选编:上[M].北京:中央文献出版社,2014.

109.中共中央文献研究室.十八大以来重要文献选编:下[M].北京:中央文献出版社,2018.

110. 中共中央文献研究室.十八大以来重要文献选编：中[M].北京：中央文献出版社，2016.

111. 中共中央文献研究室.习近平关于全面深化改革论述摘编[M].北京：中央文献出版社，2014.

112. 中共中央文献研究室.中国共产党的九十年：改革开放和社会主义现代化建设新时期[M].北京：中共党史出版社，党建读物出版社，2016.

113. 中共中央文献研究室.中国共产党的九十年：社会主义革命和建设时期[M].北京：中共党史出版社，党建读物出版社，2016.

114. 中共中央文献研究室.中国共产党的九十年：新民主主义革命时期[M].北京：中共党史出版社，党建读物出版社，2016.

115. 中共中央宣传部.习近平新时代中国特色社会主义思想三十讲[M].北京：学习出版社，2018.

116. 中共中央宣传部.习近平新时代中国特色社会主义思想学习纲要[M].北京：学习出版社，人民出版社，2019.

117. 中共中央宣传部理论局.世界社会主义五百年：党员干部读本[M].北京：学习出版社，党建读物出版社，2014.

118. 中央社会主义学院马克思主义理论教研部.马克思主义中国化研究：第一辑[M].北京：中国言实出版社，2018.

后 记

在中央社会主义学院工作期间,本人承担了"中国特色社会主义的历史根基与时代方位"这项课程和课题。到北京大学后,本人断断续续耗费两年时间对相关成果进行了修改和扩充。

在书稿撰写过程中,中央社会主义学院"核心课程指导小组"、统一战线高端智库以及马克思主义理论教研部的领导和同事给予了大力支持,部分研究中国近现代史、中国共产党历史、中国特色社会主义理论的学者、朋友提供了宝贵的意见和建议,在此表示衷心感谢。

此外,特别感谢中国国际广播出版社的领导和编辑们,正是他们的规划、督促,以及认真负责的编校,才使本书获得国家出版基金的资助并顺利问世。

本书毋宁说是作者认识研究中国特色社会主义道路的一部习作。限于时间和水平,书中难免存在不当之处。敬请读者和方家批评指正!

董 彪

2020年7月28日